枫哥品性之五

性与文学

张枫◎主编

南方日报出版社
NANFANG DAILY PRESS
中国·广州

图书在版编目（CIP）数据

性与文学 / 张枫主编. -- 广州 : 南方日报出版社，2011.11（2022.4 重印）
（枫哥品性）
ISBN 978-7-5491-0267-9

Ⅰ. ①性… Ⅱ. ①张… Ⅲ. ①性学－关系－艺术－通俗读物 Ⅳ. ①C913.14-49②I-49

中国版本图书馆 CIP 数据核字(2011)第 222213 号

性与文学 张枫 主编

出版发行：南方日报出版社
地　　址：广州市广州大道中 289 号
电　　话：（020）87363865
经　　销：全国新华书店
印　　刷：广州市新怡印务股份有限公司
开　　本：889mm×1194mm 1/32
印　　张：3
字　　数：50 千字
版　　次：2011 年 11 月第 1 版
印　　次：2022 年 4 月第 2 次印刷
定　　价：20.00 元

投稿热线：（020）87360640　　读者热线：（020）87363865
发现印装质量问题，影响阅读，请与承印厂联系调换。

枫哥品性之五

性与文学

目录

序

上篇

下篇

性美一半文

□张枫

性是繁衍后代的基础，是动物生存的一种本能。即使是在人类文明产生以后，性爱依然是一种神圣的存在，它所代表的是生命的原始动力和激情活力，是生命力的象征。而作为人类文明结晶的一系列文学作品也记录着人类性爱观念发展的整个过程。

在世界范围内，最早的有关性爱的文学所体现的性爱观是相通的。无论是中国性文学作品滥觞的《诗经·国风》中的部分篇章，还是古罗马人奥维德的《爱经》，抑或是古印度的《欲经》，这些书中有关性爱的描述都是爱的自然表达，是爱的一部分。当然，相通并不意味着相同，不同的文明形成不同的文化，不同的文化也有不同的表达方式。孔夫子说过："诗三百，一言以蔽之，曰：'思无邪'。"《诗经·国风》中的性爱描写相对隐晦朦胧，而《爱经》和《欲经》中的表达就相对奔放直白。这些文学作品中的性爱表达直接影响着各种文明的性爱观念。

在中国，《诗经·国风》中的部分诗歌篇章是中国性文学的滥觞。《国风》的内容实际上是采编自当时各个地方的民歌，它们是当时人民情感的自由表达，而对情爱的歌唱无疑是其中最具活力的篇章。但无论是《召南·野有死麕》中描述的青年男女野外媾合，还是《郑风·草虫》表现的女子对情爱的渴望，这些诗歌读起来都十分自然清新。整体而言，《诗经》对性爱的表述很隐晦。在《诗经》成为儒家经典以后，讳言情欲，这些有关性爱的诗歌被完全曲解了，"性爱"也成为一个负面词语，很少出现在文学作品之中，到后来程朱理学甚至提出了"存天理，灭人欲"的理论。但人性是压抑不住的，到了一定时候就会喷薄而出。明中晚期，好几位皇帝以荒淫好色而闻名，他们炼制春药，放纵性欲。所谓上梁不正下梁歪，这种风气也弥散到民间。有需求，就会有产出，性爱小说、春宫图等与性爱有关的作品应运而生。明中晚期至清初可以说是中国古代艳情文学的高潮期，《金瓶梅》、《肉蒲团》、《绣榻野史》、《痴婆子传》等性爱文学作品大行其道，统治者的禁锢并没有让这些小说销声匿迹，它们反而顽强地活了下来。"色欲"二字，任何时候都有市场。尽管这一时期的性爱文学大肆描写性爱，作者却是打着"劝世"的旗号进行创作的。比如《金瓶梅》和《肉蒲团》，作者在书中明确"劝诫世人行善止淫"，可惜世人凡夫多看到淫，真正悟的没有多少。"文革"期间，带有性爱的文字或者反映性爱思想的作品被认为是毒草，受到严厉批判。那时的爱情与性爱无关，单纯的无性的爱情才是纯洁的。改革开放以后，一些作家的创作开始涉及性爱描写，这些性爱描写成为刻画人物形象的必要手段，比如《白鹿原》及《丰乳肥臀》，其中的性爱描写被赋予更多文字层面以外的意义。到现在，性爱描写在文学作品中成了常态，甚至成为某些作品的卖点。有情的地方一定有性，没有爱情也能有性。随着文学传播媒介的创新，网络小说大量出现，很多小说因性爱描写大受欢迎，性爱描写充斥于网络文学作品中。其中也有一部分作品因贴近生活而保留了文学的批判性，性爱成为作者对现代社会以及当代人性进行批判的工具。

欧美文化中的性爱观念与中国和亚洲的不同，从各自最初的文学作品中就已经产生。《荷马史诗》中关于诸神复杂情爱关系的叙述，对后世欧美文学产生重要影响。奥维德在《爱经》一书中也大量引用诸神之间的情爱故事来阐释自己的观点。《爱经》是一部爱情宝典，书中描述了大量的情爱技巧，其中一些观念直接影响到现今欧美世界，最具代表性的一点就是人们有追求性爱的自由。随着中世纪漫漫长夜的到来，天主教禁欲思想统治了整个欧洲大陆。亚当夏娃因偷食禁果而被逐出伊甸园，教会将性爱看成人类灵魂的堕落。文艺复兴时期，曙光再现，薄伽丘《十日谈》的横空出世是对中世纪禁欲思想的讽刺与反抗。书中描述了一系列妻子、修女偷情的故事，这意味着中世纪以前追求个体自由的性爱观念被重新唤醒。20世纪以来，欧美国家与个体自由相关的社会思潮深深影响了文学创作，比如受女权主义思潮的影响，出现了大量以描述女性追求人格平等为主要内容的作品，一些作品具有深刻的思想。米兰·昆德拉在《生命中不能承受之轻》一书中的性爱描写更是上升到对个人灵魂与肉体的哲学思考。当代世界范围内的性爱文学在某一方面具有相通性，通过性爱描写反映了物质丰富与精神空虚之间的矛盾。

日本性爱文学有自身的特质。从紫式部的《源氏物语》开始，日本文学作品中的性往往带有一定的哲学意味，与性有关的经常是对生命、对死亡的思考，笼罩着一层淡淡的哀伤，因此显得与众不同。《失乐园》讲述的是婚外情，最后主人公双双殉情，《挪威的森林》中女主角直子最后也自杀身亡，除此之外书中还提到了其他人的死亡。生与死，性与爱，是日本性爱文学阐述的永恒主题。

性是人类的本能，文学是人类表达自身情感的重要工具。也许从文学产生的那一刻起，性爱就成为一个无法回避或者不可或缺的部分。全球文明各异，文化不同，但以文学阐述性爱却有着一致性。本书在全球范围选取了较有代表性的十余部作品，品读不同国家和地区、不同历史时期的文学作品中反映的性爱思想，让读者对古今中外的性爱文学能有个大致的了解。

上篇

《诗经》
——性诗词的源头

有人问了，《诗经》这么高雅的书怎么会有跟性有关的内容？《诗经·国风》中的诗歌其实就是各地民歌，原生态的民歌就会有情歌，有了情歌，性还会远吗？

按照古书记载，古时的三月三明着说是春游踏青的日子，实际上是一个特殊的相亲大会。只是这个相亲大会没有主办方，也没有策划人，未婚青年男女都是自觉相聚在此，自由结合。相识以后就一对对各自散开，走向广阔的大自然，享受性爱之乐。《诗经》中很多篇章记载了这些相亲盛会。当然也并不是只有在三月初三这天才能幽会，只要条件允许，什么时候都可以，例如《召南·野有死麕》就讲了这样一个故事：小伙子打猎打死了一只獐子，小心翼翼地用白茅草包起来，伙伴问："你这是干啥啊？"小伙子嘿嘿一笑，不说话，后来大家才知道，原来村里有个少女怀春，小伙子拿獐子去献殷勤了。树林里灌木丛生，小伙子又打死了一只小鹿，又用白茅草包起来，这下大家都知道了，肯定是送给那位颜如玉的少女了。少女终于心动了，答应跟小伙子野外幽会，于是某天晚上在野外的某处地方，传来少女这样

▲《诗经·国风》中的诗歌其实就是各地民歌，原生态的民歌就会有情歌，有了情歌，性还会远吗?

的声音："慢慢来，急什么啊，哎，你别扯掉我的围裙嘛！小声点，别惹得野狗汪汪乱叫啊。"至于发生什么，大家自己想去吧。虽然诗里把野媾描写得如此开放，但读起来却让人会心一笑，感到很自然。性爱，是很纯洁的东西。

其实并不是每对情人都必须到野外幽会，在家里也是可以的，但前提是男女双方胆量要够大。《齐风·东方之日》里就讲有一个美丽大胆的女孩，晚上偷偷跑到情郎家里幽会，与情郎缠绵一番，天明再悄悄离去。当然，有幸运的就有不幸的。《郑风·将仲子》里的那个男孩显然就很不走运，可能是男孩女孩之间的幽会被人发现，女孩有点害怕了，当男孩再次翻墙头准备幽会的时候，女孩就说了："二哥，你就别翻我家墙头了，也别趟我家的菜园子了，不是我爱惜你折断的桑树和青檀，只是咱俩的事被家人发现了，人言可畏，我有点害怕。"男孩只能扫兴而归。

有的女孩害怕幽会被发现拒绝了情郎，但有的女孩长时间不见情郎，又抵不住思念，开始盼望情郎早点来。《郑风·草虫》一篇就是讲一个女子在等待情人来的时候，内心忐忑不安，在那儿埋怨："这蝈蝈都开始叫了，蚱蜢都开始跳着玩了，那个没良心的怎么还不来呢？弄得我心里忐忑不安，莫非不来了？要是能见到他，要是能跟他缠绵一会儿，我满腹的忧愁也就没了。我爬上南山坡，给家人说是采点蕨菜和野豌豆，其实还是为了看看情郎来了没有。没见到他来，真有点担心啊。心里有点凄凉又有点烦，你说他怎么还没来呢，要是能见到他，该有多高兴啊，要是能跟他缠绵一会儿，我这心也就平静了许多。"如此女孩对爱情乃至性爱的渴望，虽有急切之心，但写得却是那样优美，读起来让人会心一笑。

上古时期描写性爱开放的并不只是这些，还有更疯狂的。《鄘风 · 桑中》讲一个男人无论是采集女萝、采摘麦子还是采摘芜菁，都去卫国一个叫沫邑的地方，因为那儿有他美丽动人的情人。他的情人在桑林中等着和他约会，然后邀请他到祭祀天地的上宫去缠绵。分别的时候，她又送他到淇水边。要知道上古时这桑林可是祭祀之地，而且又在同是祭祀之地的上宫幽会缠绵，看来并不单单是这两个地方隐蔽条件好，估计他们也觉得性爱很神圣。再说，这个男的跑这么远和情人约会倒是挺令人感动的，只是他去一次，这情人的名字就换一次，一会儿孟姜，一会儿孟弋，一会儿又是孟庸，这可就有点乱了。如果这三个名字是同一个人的，那还好点，说明这男人挺忠诚，但若不是的话，这男子就真是个多情浪子了，还脚踏三只船，要在现在，准被骂死。性爱是神圣的，但对一些男性来说性爱有时又是随意的。

【枫哥点评】

《诗经》里虽有描写性爱的诗歌，但孔夫子说了，《诗经》三百首，用一句话概括，那就是思想很纯洁。孔老夫子都发话了，后世徒子徒孙自当纷纷附和，但是他们也发现其中有表现情爱的，怎么办呢，总不能跟孔老夫子对着干吧？所以也只能遮掩遮掩，曲解一下。但无论你遮还是不遮，《诗经》中的情爱就在那里，干净，纯朴。即使偶有露骨之处，也多是朦胧模糊的，的确让人“思无邪”。现在一些书的性爱描写则过于直接，那才情境界比老祖宗差远了。

备注：

《诗经》，作者：不明，据传孔子参与过修订；年代：春秋后期。

《金瓶梅》
——多个女人和一个男人的桃色史

西门庆本是清河县的一个破落财主，平常没事就与一帮狐朋狗友花天酒地，吃喝玩乐。

一天，西门庆正在路上走着，突然被天上掉下来的一根叉杆砸到脑袋。西门庆大怒，抬头正要破口大骂，却见对方竟是个美女，顿时怒气全无。原来是住在路边的潘金莲在收门帘时不小心失手，撑帘的叉杆被风吹落，正好砸到他。经此一事，西门庆对潘金莲念念不忘，回头便使重金央求王婆说和。这潘金莲也是个风流人物，对丈夫武大郎极不满意，禁不住王婆说和，便与西门庆勾搭成奸。后来二人奸情被识破，西门庆就设计将武大毒死，武大郎兄弟武松因急于报仇而误伤他人，被发配边地，西门庆顺利地娶潘金莲为妾。

原本是西门庆正妻吴月娘丫鬟的庞春梅在潘金莲进府后便被安排服侍潘金莲。西门庆趁机占有庞春梅，并对潘金莲、庞春梅主仆二人宠爱有加，潘、庞二人为了争宠也竭力服侍西门庆，三人极尽荒淫之事。

好景不长，西门庆又开始在外面勾引妇女，这次他看上了自己朋友花子虚的老婆李瓶儿。几番撩拨，李瓶儿很快就跟西门庆勾搭上了。花子虚顶着一顶绿油油的帽子，终于撑不住气死了，万贯家产都留给了李瓶儿，李瓶儿成了不折不扣的富婆。原本以为丈夫死后就可以顺利嫁入西门府中的李瓶儿左等右等却始终没见西门庆来娶，一怒之下嫁给了穷医生蒋竹山，也算是闪婚一族了。虽然再婚，但心里还是惦念着西门庆，不久又抛弃蒋竹山，嫁给了西门庆。只是西门庆却有些不爽了，什么意思啊，嫁给我之前还嫁给那穷医生，存心气我吧，虽然我看上你的钱财，但还是先冷你几天再说。不过两人最终还是热络起来，没多久李瓶儿又怀孕了，西门庆大喜，更加宠爱李瓶儿。后来李瓶儿生了个儿子，西门庆几乎集宠爱于李瓶儿一身。潘金莲不干了，心想本来男人就一个，越分越少，再说以前都是自己专宠，自从这李瓶儿嫁进来，尤其是生子以后，自己就被晾在一旁了，这生理需要可以找其他人解决，但心理上总是过不去，于是千方百计地算计李瓶儿：你不是母凭子贵吗？我先让你失去儿子。此时的西门庆靠上了权臣蔡京，升作千户，虽是个虚衔，好歹是个五品官，升官得子，西门庆可谓双喜临门，意气风发。但乐极生悲，不久儿子便因潘金莲的设计患惊风夭折，不堪丧子之痛的李瓶儿随后也死去。

李瓶儿死了，西门庆还是有好几房妻妾的，但本着多多益善的原则，西门庆还是时不时地偷腥。上至招宣府太太，下到仆人的老婆，只要是能偷到的西门庆从不放弃，变着法地偷到手。西门大官人有一句豪言壮语在府内流传：“就使强奸了姮娥，和奸了织女，拐了许飞琼，盗了西王母的女儿，也不减我泼天富贵。”这胆量，这气势，整一个超级无耻大色狼。就是这色狼，偏偏有人稀罕，比如潘金莲。李瓶儿死后，潘金莲虽然少了一个竞争对手，但潜在的对手却逐

▲西门庆荒淫的本钱不是他性能力多强，而是他权和财的实力很强，最起码在清河县是这样。

渐增加，为了夺得专宠，潘金莲充分发挥“人无我有，人有我精”的竞争策略，变着法地讨好西门庆，甚至不惜用春药喂服西门庆助兴。终于有一天，西门庆服用过量春药，淫欲过度而暴卒。

失去依附的潘金莲也因和女婿陈经济通奸被吴月娘发现，被驱逐出府。无处安家的她寄宿在王婆家里，还不安宁，又与王婆的儿子勾搭起来。最终被为兄报仇的武松杀了。失去支撑的西门府迅速衰落，庞春梅被卖给周守备为妾。这庞春梅在西门庆活着的时候就当皮条客拉陈经济与潘金莲勾搭成奸，被卖后自己又与陈经济偷欢，陈经济死后，又跟他人通奸，最终因淫而亡。后因战乱，吴月娘带着遗腹子孝哥避乱济南，梦中得知孝哥乃是西门庆转世，便让孝哥出家当了和尚，以赎前世冤孽。

【枫哥点评】

《金瓶梅》中的性，都是情少欲多。虽然说潘金莲那一杆竟砸出了一对名传千古的奸夫淫妇，但如果西门庆没有权势，腰包里没有银两，如果潘金莲没有美色，你就是用金条砸，也砸不出这么多荒唐事。李瓶儿死时，西门庆哭了，可想到李瓶儿带来的万贯家财，估计他又该笑了。西门庆荒淫的本钱不是他性能力多强，而是他权和财的实力很强，最起码在清河县是这样。性爱本身很纯洁，适当的欲望也是合理的，金钱和权力本身是没有任何感情色彩的，但这些东西一旦结合起来，便污浊不堪了。

备注：

《金瓶梅》，作者：兰陵笑笑生；年代：明代。

《痴婆子传》——性沉溺者的自述

这是一个名叫阿娜的女人自述的故事。

阿娜小时候是个美人坯子，十二三岁的时候就喜欢照镜子，没事就在那儿顾影自怜。父亲不准阿娜读《诗经》，可正值青春叛逆期的阿娜不光是看，还将诗歌全背了下来。她对那些表达男女相悦的诗歌非常感兴趣，经常躲在屋里瞎琢磨。偶然听说隔壁少妇颇懂男女之事，阿娜便跑过去请教。而这少妇还真是个好老师，看这孩子这么好学，心想女孩以后反正要经历这些，于是倾囊相授，给阿娜上了一堂丰富又生动的生理课。她向阿娜讲解了男女性器官的不同之处以及生育的奥秘等内容，阿娜听得津津有味。看见学生爱听，老师讲得更带劲，讲到最后生理课变成了性启蒙教育，少妇又向阿娜讲授了男女性爱的基本常识以及一些性爱动作要领。最后，少妇还结合自身体验把男女交合时的性感受以及如何体会到性愉悦等内容都讲给阿娜听。原本对男女情事就很好奇的阿娜竟从那时开始向往性生活的乐趣，总想找个人实践一番。恰在此时，阿娜的表弟慧敏来她家做客，阿娜觉得尝试性生活的机会来了，趁机勾引表弟，二人偷食禁果。只是

新刻癡婆子傳卷上

芙蓉主人

情痴子批

衛之故墟……已七十髮

喜談往……聚里之

容者……然逸態

若傴僂……不艾時

余生晚……然猶及

日也孀請謁……顧傾聽焉孀

將以告子今辱命之敢不布甚區

▲在那个时代，竟然有女性主动诉说自己的性爱经历，而且是很平静地叙述，看来当代那些所谓的身体写作的美女作家也得对阿娜顶礼膜拜了。

不久便被母亲发觉，二人只好分开，慧敏回家后，阿娜痛苦了很久。

慢慢地，阿娜长大了，十七八岁的阿娜更加漂亮艳丽，成了远近闻名的大美人，却一直没有忘记与表弟欢爱时的乐趣。某天阿娜突然发现自己家一个仆人的儿子长得很帅，春心大动，主动挑逗勾引人家。小帅哥终究没能抵挡住诱惑，二人在曲廊中媾合。虽然阿娜这次并没有享受到想象中的乐趣，很是失望，不过却学会了接吻，也算是有所收获。随后阿娜就出嫁了，丈夫是栾家老二栾克慵。本来阿娜想着都嫁人了，应收起以前的心思，好好过日子。但因为丈夫外出游学，而且一去数月不回，生生把阿娜逼成个独守空房的活寡妇。她忍不住寂寞，又蠢蠢欲动起来。这次阿娜看上了丈夫家的奴仆盈郎。盈郎长得很俊美，阿娜觉得这小子应该可以满足自己，便设计勾引他。做奴仆的怎么能经得住漂亮女主人的诱惑，盈郎也沦陷了，与阿娜夜夜宣淫，长达数月之久。有一次二人竟然大白天在花园媾合，被另外一个奴仆大徒发现，大徒以告密为威胁，强迫阿娜与他发生关系。阿娜躲避逃跑，却又被丈夫的哥哥克奢撞见自己衣衫不整的样子，克奢也趁机要挟，要与阿娜交欢，阿娜无奈，只得顺从。

丈夫外出游学未归，而克奢不久又外出做生意去了，闲来无事的阿娜便经常去找嫂子沙氏聊天解闷。有一天，阿娜去找嫂子，却撞见公爹与沙氏通奸，躲无可躲的阿娜也被逼就范。不久，婆婆病重，阿娜便去城西即空寺拜佛祈仙，谁知又被垂涎她的和尚如海师徒奸污。不久，阿娜又跟小叔子克饕勾搭在一起，继而又跟妹夫费某、戏旦香蝉偷情。

后来阿娜生了个儿子，儿子渐渐长大，需要进私塾读书。

阿娜觉得乡村私塾的教育条件不好，就请了一个县城的老师来教儿子。这老师名叫谷德音，教课很认真，阿娜的儿子进步很快。看到这些，阿娜很高兴，便经常请老师到家里吃饭以示感谢。一来二去，就出事了。此时阿娜三十多岁，正是如狼似虎的年龄，偏又丈夫经常不在家，情欲便无法得到满足。况且这谷德音又很健壮，阿娜终于忍不住开始勾引他。几番下来，熟读圣贤书的谷先生也受不了了，终于拜倒在阿娜的石榴裙下，二人日夜纵欲寻欢，阿娜沉溺其中无法自拔。自从跟谷德音好了以后，阿娜对其他情夫是理也不理，那些情夫多次求欢不成便恼羞成怒，最后竟向克慵告发阿娜的奸情。克慵闻听大怒，当场捉奸。阿娜被毒打一顿后遭遣归。被遣的阿娜此时也对往日所为懊悔不已，发誓终生禁欲。

【枫哥点评】

阿娜的确是个奇女子，但最后还是被休了。可笑的是提出休她的竟然是跟她偷情的公爹，更可笑的是丈夫克慵并不知道向他告发妻子奸情的那些人其实也给自己戴了一大摞绿帽子，而他竟然还要感激他们。对情欲的热爱，大胆疯狂追寻性爱乐趣，阿娜算是女权主义的先行者了。并且在那个时代，竟然有女性主动诉说自己的性爱经历，而且是很平静地叙述，看来当代那些所谓的身体写作的美女作家也得对阿娜顶礼膜拜了，只是在境界上，她们差祖师奶太远了。

备注：

《痴婆子传》，作者：芙蓉主人；年代：明中期。

《肉蒲团》——“泡良族”的因果人生

元朝至和年间有一位风流才子名叫未央生，此人志向就是自己做天下第一才子并娶天下第一美女为妻。要说这未央生也是个极度聪慧、悟性极高的人，连当时一个非常著名的僧人孤峰和尚都很看好未央生的佛门前景，极力邀请他跟自己研读佛学，但未央生却嫌整日蒲团打坐很无聊，想着美女相伴，打坐着肉蒲团，才是有趣的事。

后来未央生果然娶到一个叫玉香的绝色美女做老婆。这美女老婆美则美矣，只是从小家教太严，不懂闺房之乐，关键时候老是掉链子，搞得未央生很郁闷。终于，在未央生不辞辛苦的调教下，玉香懂得了一些奇淫技巧，于是夫妻尽享鱼水之欢。但由于老丈人铁扉道人管教严格，未央生整天被圈在家里，这让他觉得好是没趣，于是借口要增加见识出去游历。其实游历是假，泡妞才是真。

有一天，未央生碰到奇侠赛昆仑，并和他结拜为兄弟。这赛昆仑其实是侠盗，他武功高强，飞檐走壁，穿房入户，无所不能。原本未央生寻思着以后要是偷情，深宅大院的来往不便，有个武功高强的赛昆仑帮忙传信也是好的，但没想

肉蒲團一名覺後禪卷之第一回

止淫風借談色事就色

詞曰黑髮……生不比青

一派落……流院放

聲聽歌……閒真樂

還數易……終得趣

處怕響……一幅大

一首詞名曰……生在世。朝

須從有一毫受用處還虧那太古之世。

▲未央生嫌整日蒲团打坐很无聊，想着美女相伴，打坐着肉蒲团，才是有趣的事。

到赛昆仑由于职业需要，经常穿房入户，竟然对附近哪家有美女，哪个美女质量好等一系列情况都了如指掌。未央生听了以后激动地泪流满面：这哥们就是一块宝啊！整一个美女情况资料库！以后一定要好好利用。未央生便趁机拜托赛昆仑帮忙物色一个美女，赛昆仑满口答应了。

别了赛昆仑以后，未央生在供奉送子张仙的庙宇里租了房子住下。整天没事就躲在一旁偷看前来拜神求子的妇人，用现代话说这厮就是一个偷窥狂。此外他还弄了本花名册，按照容貌姿色对见过的妇人划分等级，没事就品味把玩一番。赛昆仑也挺讲义气，没多久就帮未央生找到了一个目标。但就在准备寻花问柳的重要时刻，未央生发现自己的小弟弟尺寸太小了，因此深受打击，很是自卑。偶然在墙上看到一张小广告，说有个游方道人可治此症，未央生大喜，急忙跑去就医。游方道人同意帮未央生改造生殖器，方法是将狗肾植入未央生的下体。这等水平的跨物种器官移植手术就是在现代医学条件下也是高风险手术，何况当时。但高人就是高人，手术最后还是成功了，未央生原本见不得人的部位瞬间成为其引以为傲的资本。

未央生从此得意非凡，开始了自己的猎艳生活。他先是勾引权老实的妻子艳芳，后又使计让权老实将妻子卖与自己。此时未央生还未满足，接连勾引上有妇之夫香云、瑞珠、瑞玉以及寡妇花晨，夜夜纵淫。有一天，未央生听说京城有一个名妓很是厉害，便前往京城，希望一亲芳泽。谁知这位京城名妓见到未央生后竟然上吊自杀，被人痛打一顿的未央生才发现，这名妓竟然是自己的原配妻子玉香。

原来，自未央生勾引艳芳并强购为妾后，权老实逐渐打听到自己妻子与未央生偷情的情况，心里暗恨，寻思报复。

他打探到未央生也有妻子在家，便卖身到铁扉道人府中为长工，伺机勾引玉香。自从未央生离家以后，玉香便独守空房，寂寞难耐，终于经受不住权老实的勾引，开始和他偷情。后来玉香怀孕，权老实便带着玉香和丫鬟私奔，最后将二人卖入京城青楼为妓。此后，权老实自知罪孽深重，便出家为僧。而玉香因在妓院练就绝技而艳名远播，香云、瑞珠、瑞玉三人的丈夫均先后与之狎玩，未央生也慕名前来，这才上演丈夫去青楼嫖妻子，妻子羞愤自杀的一幕。

经历这一切后，未央生幡然醒悟：平日淫人妻子，而今妻子被淫，一切皆是循环报应。从此大彻大悟，拜孤峰为师，遁入空门。

【枫哥点评】

性爱就像人参附子，按剂量长时间服用有益身心健康，但过多服用对身体无益，古人很早就明白性爱对养生的重要作用了，只可惜未央生仿佛没有领会这层精神，一味放纵淫欲。作者写此书明着是劝世人不要纵欲，但是怎么看都不像，整部《肉蒲团》就好似一本春宫图册子，你见过用春宫图劝人禁欲的吗？就算作者思想高尚，想用佛教因果劝诫世人，奈何世人只看到春宫图，没听到劝诫。想来也是件可笑的事：一方酸儒在大骂此书如何淫秽不堪，一方士人却在赞叹此书如何思想开放，一方小青年又在偷偷摸摸地模仿书中内容，而另一方，书商数钱数到手抽筋，到底谁对谁错，一句话：“仁者见仁，智者见智”。

备注：

《肉蒲团》，作者：李渔；年代：明末清初。

《男人的一半是女人》——一个男人的救赎之路

章永璘是一个劳改犯，在一次劳改队员给水稻田拔草的过程中，他偶然看见一个女劳改犯在水渠里裸体洗澡。当时他并没有采取什么行动，两人后来也没有任何交集，他唯一知道的，是那女犯名叫黄香久。

8 年之后，已被调到新疆某农场的章永璘，让生产队的曹书记给他派一个人来帮忙修羊圈，谁料这派来的人竟是黄香久，两人便再次相遇了。

彼时，章永璘已经单身了三十多年。农场的老朋友都劝他成个家，他嘴上说还没有找到那个人，其实心里一直惦记着黄香久。再次相见后，章永璘的心开始蠢蠢欲动，他托跟黄香久住一屋的马老婆子去探探口风。不久后，马老婆子回话说这事儿八九不离十了，只是黄香久让他亲自去说一趟。

黄香久远比章永璘坦率，她率先打破沉默，直接切入现实，跟章永璘讨论起了钱的问题，一副居家过日子的模样。这让章永璘有些恍惚，他幻想了很多次的恋爱和求婚场景从来不是这样的，一点都不浪漫。在黄香久的主动面前，章永璘陷入了被动。1975年4月，他给生产队写了结婚申请书，组

织上批准了。

新婚之夜，面对着想了 8 年的裸体，章永璘却没能展示出自己的男儿雄风，他在黄香久面前垂头丧气。随后又试了几次，一次也没有成功。结婚才一个月，他俩就分被窝睡了。

一天放马回来的路上，有一匹大青马陷入了泥淖中，章永璘拉扯了多次，都没能将它从淤泥中拖出来。忽然大青马跟人似的开口说话了，跟章永璘探讨了一番阳痿的问题，一针见血地指出他是心理上受到的创伤导致了不举。

章永璘回到家中，发现有人来过，黄香久说是曹书记。他内心隐约觉得曹书记对他们的关心有点不寻常，却被黄香久三言两语打发过去。这一晚他跟黄香久提出了离婚，黄香久听后一阵哭闹，怎么都不肯，说离婚会让别人笑话她。

某天，同在生产队的黑子去找章永璘借马骑，顺便跟他吹了吹风，说曹书记对黄香久十分觊觎，要他看紧点。章永璘却只是叹息，不敢说出自己阳痿的真相，让黑子觉得他很怂。

有一次，曹书记安排章永璘加夜班，让他跟开拖拉机的小李一起去火车站拉磷肥，章永璘很开心，这样就可以避开黄香久的求欢了。不料拖拉机却在半路死火，章永璘只好让小李睡在车里守着，自己回生产队报告，再牵两匹马过来拉车。回去后，章永璘老远就看见生产队办公室和自己家的灯还亮着，考虑了下，他决定先回家看看黄香久，再去生产队打报告。快要到家的时候，却看到办公室的灯一灭，曹书记出来了。书记没有回家，径直朝章永璘家的方向走，待他进去后，灯就灭了。亲眼见到这一幕，章永璘内心并不意外，只是觉得屈辱。

这之后，他常常会想曹书记跟黄香久媾合的种种细节，虽然知道这样很无聊，但就是控制不住翻腾的思想。

章永璘本打算把这件事隐瞒下去，可第二天回来的时候，遇上了出工的大队伍，小李大声骂着那该死的拖拉机，又说要不是章永璘回来拉马，说不定他们就在路上给狼吃了！听到小李的话，黄香久才知道章永璘昨晚回来过，也一定知道她偷情的事了。

章永璘又一次提出离婚的时候，黄香久劝他去医院看看，章永璘拒绝了她的好意，铁了心要分开。

农场的暴雨季节来临了，章永璘在住房外立了两根木头，顶住了山墙和后墙，这样房子暂时是无忧了。可第二天，却传来了大渠决口的消息，章永璘立刻跟其他人一起跑到了大渠那里。大渠还没有决口，只是山洪暴发，导致水平面不断上升，人们赶紧加高堤坝，生怕家园被毁。当水面终于不再上涨后，大坝却出现了一个洞，水不断地从渠里往外喷，怎么都堵不住。章永璘想了想，把绳子绑在身上后跳进了水里，从渠里面把口子堵上了，拯救了危在旦夕的大坝和外面的村庄。

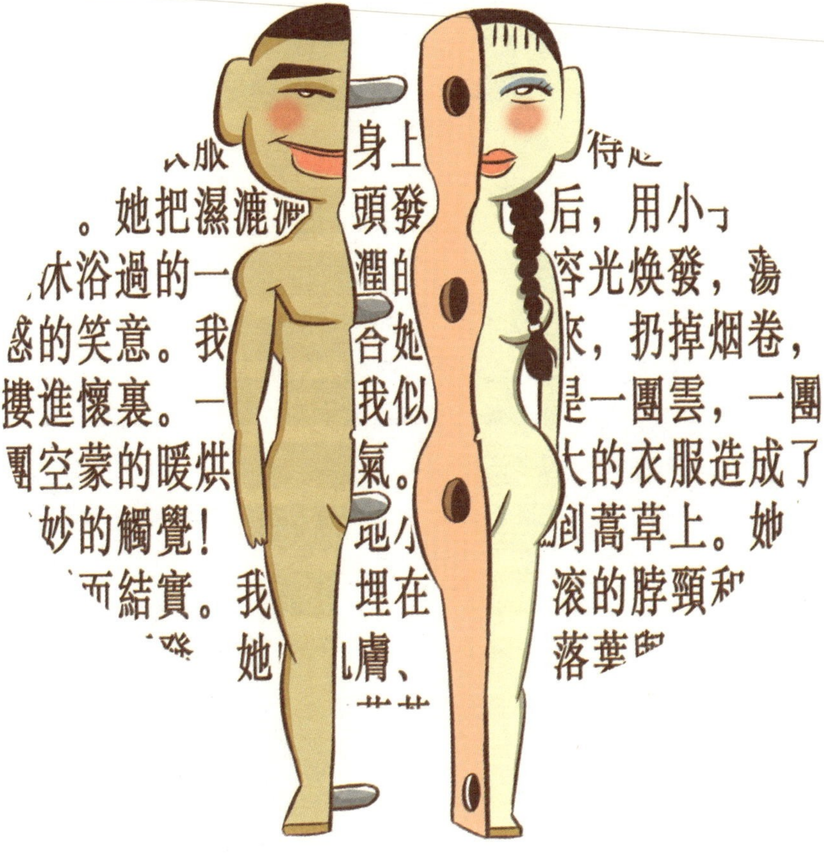

▲她拉着章永璘说：“你别忘了，是我把你变成真正的男人的……”

回到家，黄香久一边骂他逞能，一边给他脱掉湿衣服，拿被子把他盖上，又给他端了一碗姜茶，后来见章永璘的脸还是冰凉，索性拉开上衣，用自己火热的胸脯去温暖他。那雪白的胸一下子激发了章永璘的冲动，这一次，他竟没有阳痿。

但章永璘要跟黄香久离婚的打算并没有改变，黄香久跟曹书记偷情是一个原因，还有个更深层的原因他没有说明，他想离开农场，到外面的新世界去闯闯，不知道未来会如何，他不愿意拖累了黄香久。其实他不知道，黄香久心里完全明白这一点。走之前，她拉着章永璘说："你别忘了，是我把你变成真正的男人的……"

【枫哥点评】

情欲是生命本能的需要，在一个长久接触不到异性的环境里，经历和教育把章永璘推入了性压抑的苦闷困境中。由于被禁锢得太久，章永璘从身体到心灵都在萎缩，直接导致新婚之夜他在豪迈的妻子面前失去了男人的尊严，奋力却徒劳无功，这是章永璘所处的时代造成的悲剧。当性功能恢复后，肉体的雄起也带动了精神的雄起，他无法再忍受妻子的背叛，对外面世界的追求也坚定起来，性能力真是男人肉体和精神的命根。

备注：

《男人的一半是女人》，作者：张贤亮；年代：1985年初版。

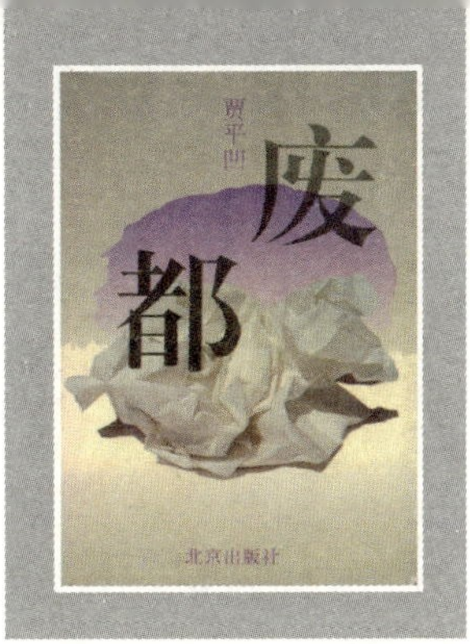

《废都》
——文艺圈那些风花雪月的事儿

庄之蝶是西京的著名作家，号称文艺圈四大名人之首。12年前他有个相好叫景雪荫，但两人最终没能走到一起。现在景雪荫是文化厅里的处级领导，而庄之蝶也结了婚，妻子叫牛月清，夫妻俩除了一直没生小孩外生活还算幸福。但自从一个从潼关来的社会闲人周敏走入庄之蝶的生活后，他的人生发生了翻天覆地的变化。

周敏是潼关小县城的一个文艺青年，终日郁郁不得志，在咖啡馆结识了美艳的已婚少妇唐宛儿，一番云雨激情之后情难自已，便和唐宛儿私奔至西京这个花花城市。激情消退后，周敏发现如何在大城市生活立足是首要解决的问题，无处谋生的他只能先在清虚庵做小工。周敏面目清新又好读书，在一帮民工中间很是出众，尼姑慧明有意抬举他，便介绍他认识了文史馆研究员孟云房，孟云房告诉他如需在文艺圈立足还需要潼关老乡庄之蝶帮忙。但是一连数周，周敏都找不到庄之蝶，垂头丧气，孟云房也觉得脸面无光，便伪造了一封庄之蝶的书信送给景雪荫，希望她能安排周敏到《西京杂志》编辑部。话说周敏知道庄之蝶后，经常将这位老乡挂在嘴边，唐宛儿也渐渐对这位大作家心生爱慕，于是鼓动周敏请孟和庄来家里吃饭。饭局上，庄之蝶初次见到精心打扮的唐宛儿，怦然心动，唐宛儿也表现出一副对大作家无比崇拜仰慕的神情，不停地与庄之蝶眉来眼去。

庄之蝶惦记着唐宛儿，便时不时去她家看望试探。一来二去，两人都知道了对方的心意，终于有一日趁周敏不在，互诉衷肠，痛快地云雨了一番。

而周敏这厢还在对庄之蝶感恩戴德，寻思着要怎么巴结一下，便根据听来的故事编撰了一篇关于庄之蝶的生活经历、创作道路，特别是同景雪荫交往始末的文章发表在了《西京杂志》上，不料引来了轩然大波。景雪荫闹到了文化厅和省领导那里，要求杂志社赔礼道歉停刊整顿。周敏害怕自己工作不保，便去央求庄之蝶支持他，一口咬定写的是事实。但庄之蝶却死活不答应，牛月清也醋意大发，借题发挥，一群人不欢而散。

庄之蝶听说了景雪荫寻死觅活的事情后，内心很是愧疚，便写了一封信解释。但是树欲静而风不止，景雪荫把庄之蝶写给她的信作为证据，将杂志社连同庄一干人等告上了法院，庄之蝶的家人和朋友都极力劝他抛开旧情，一定要打赢官司。庄之蝶终于答应了，于是去疏通市中级法院的关系，少不得做一些唯心的买卖，这让庄之蝶颇有英雄气短之感。

庄之蝶呆在家里烦心，孟云房便陪他去逛花鸟市场，庄之蝶买了一只白鸽送给唐宛儿，用作两人传信之物。一日偷情之时，被保姆柳月撞见，他便乘机把柳月也纳入室中，从此偷情更为方便。打官司期间，唐宛儿怀上了庄之蝶的孩子，虽然打掉了，但唐宛儿在庄之蝶心目中从此愈发珍贵。

官司越演越烈，因为景雪荫有省领导的支持，形势对庄

莊之蝶說："那天送給你鞋，我真想摸了你的
脚的。"婦人說："我 得出來，真希望你來
摸，可你手却 說："那你爲
什么不表示 敢的。"莊
之蝶說： 你就心上
愛你，覺 的第一個
女人，心 一分的表
示，我就有 ："你是
名人，我以爲 之蝶把軟得
如一根面條的婦人放 開始把短裙剥
去，連筒絲襪就一下子脱到了膝蓋彎。

▲书中引起争议最大的是庄之蝶与多位女性的性描写，泼辣直白，挑动人心。

之蝶很不利，相关人等不停地劝说他去找市长，正好市长的残疾儿子看中了柳月，庄之蝶马上同意了这门亲事，庄家也顺理成章成了市长媳妇的婆家。不想此时却被牛月清发现了鸽子传信的秘密，她将鸽子杀了宴请庄之蝶和唐宛儿，奸情被撞破了。

由于市长的帮助，法院判景雪荫败诉，庄之蝶的亲友前来祝贺，但没有唐宛儿，他心里颇不是滋味。柳月出嫁那天，庄之蝶约会唐宛儿，可是她却在电影院被丈夫掳走了。

婚礼结束后，牛月清搬回了婆家。周敏回潼关救唐宛儿，失败了。景雪荫一直告到高级人民法院，结果中级人民法院之前的定论被全部推翻，案子改判侵犯了景雪荫的名誉权。庄之蝶最后在报纸上登出一则广告，告诉全西京人民他丧失了写作能力，之后便搭火车南下了。

【枫哥点评】

这本描写当代知识分子生活的世情小说，由于其独特而大胆的态度以及出位的性描写，出版后就引起广泛关注，毁誉参半，誉之者称为奇书，毁之者视为坏书。当年曾被炒作成“当代《红楼梦》”和“当代《金瓶梅》”。被禁17年后才被允许再次出版。文中引起争议最大的是庄之蝶与多位女性的性描写，泼辣直白，挑动人心。但事实上作者是在通过庄之蝶来反映当时知识分子精神崩溃的现象，庄之蝶只能通过女性来进行自我确认，除此之外他的精神无所寄托，无所依靠，于当下的知识分子阶层而言，仍有强烈的比对意义。

备注：

《废都》，作者：贾平凹；年代：1993年初版。

《上海宝贝》——爱情抵不过寂寞的身体

25岁的倪可从一家杂志社辞去记者工作后，到了一家咖啡店做女招待。有一个帅气的男孩经常光顾那儿，终于有一天，他给倪可递去一张纸条，上面写着“我爱你”和他的名字。

男孩叫天天，认识之后，倪可很快了解到他的家庭背景：老妈在西班牙开着一家中餐馆，老爸在去西班牙探亲时因心肌梗死去世，现在只剩他跟奶奶待在上海，但他们不住一起。

没过多久，倪可就搬进了天天的公寓，但他们的亲密接触仅限于亲吻和抚摸，因为天天在性事上有障碍。这一点并没有让他们的关系立刻崩裂，天天用他的温柔痴情俘获了倪可狂野的心。

在天天的鼓励下，倪可辞掉了咖啡馆的工作专职在家写作，每写出一段自以为不错的文字，就会充满感情地念给天天听，总能得到天天发自内心的赞美。为了支持倪可的写作，天天买了各种稀奇古怪的礼物给倪可创造灵感，但他不知道，倪可更渴望天天能把自己的身体当作礼物送给她，一

▲这部作品既是中国女性身体写作风潮的产物，又煽动起了中国当代女性对自己身体和情欲的重视。

个昂然勃起的礼物。

一天，天天的朋友马天娜邀请他们去参加一个怀旧派对，在派对上，倪可认识了做投资顾问的德国人马克，跟他跳了好几支舞。派对结束时，他们才发现天天倒在洗手间里烂醉如泥，马克便帮助倪可把天天弄回了家。

这期间，曾经对倪可辞职、与男人同居等行为暴跳如雷的母亲最终妥协了，主动给女儿打去电话问候，甚至提出要去帮小情侣打扫卫生。从母亲那里，倪可意外得知，表姐朱砂离婚了。朱砂从小就是倪可的榜样，她从没想过朱砂也会成为离婚大军中的一员。问起离婚原因，竟是因性生活不和谐，引发了男人对女人的猜疑和施暴。

倪可在一个下午接到马克的电话，邀请她跟天天一起去参观某个德国前卫艺术展。对马克寄来的艺术展请柬，天天很抵触，讥讽马克总喜欢对别人的女朋友献殷勤。倪可只好独自前去，拥挤的人群中，马克趁机揽住了倪可的腰。倪可有些害羞，又有些享受。无意看到马天娜和男友也在看展览的人群中，她只好飞速逃走了，两人逃去了马克家里，上了床。事情结束后，倪可想了各种谎言去掩饰她的出轨。可回到家，却发现天天不在，倪可疲倦地在沙发上睡去。

倪可以前的小说编辑给她打来电话，建议她去参加一个作家笔会，说会对她的写作有帮助。出租车司机是个新手，怎么也找不到笔会地点，倪可便在中途放弃了寻找，跑去了一个酒吧寻乐。冤家路窄，又在那儿撞见了马克，两个人在酒吧的洗手间里又云雨一番。事后，倪可内心充满了内疚和罪恶感。

在倪可的劝说和陪伴下，天天去了生殖健康医疗中心做检查。诊断结束后，医生说天天在生理上并没有问题，面对阳痿，需要调适的是内心。

可天天很快厌倦了治疗，到了冬季，他决定去南方旅行一段时间，感受阳光的温暖。可却在那里染上了毒瘾。倪可得知后，立刻买了机票去海南把天天接回来，送他去了戒毒所。

在戒毒所待了一段时间，出来后，天天的精神好了很多，每天都专注地为倪可的小说画插图。他妈妈康妮回到上海筹备分店，分别十年的母子再度见面，天天却不愿意接受母亲的关爱。

由于业绩出色，马克即将调回德国总部，临走前，他又跑去找倪可，虽然倪可已经知道马克是有家庭的人，却又摆脱不了他的性诱惑，两人一再纠缠在一起。在倪可留宿马克家的时候，天天去了马天娜家，并且从她那里知道了倪可跟马克的关系。受到刺激的天天再次开始吸毒。

倪可将天天吸毒的事告诉了康妮，当康妮求天天戒掉毒瘾，给他们一个修复关系的机会时，天天依旧冷漠地拒绝了母亲的好意。

马克离开上海的那一天，倪可一直待在父母家。第二天，她去了天天的公寓，随后两个人打车去了复旦大学，在里面的草坪上躺了很久，又去学校食堂吃了饭。后来他们决定去学校旁边的一家酒吧坐坐，在酒吧里面，倪可发现天天又吸毒了。看到他颓废的模样，倪可心中十分难过，却又无可奈何，只好把自己灌醉，逃避眼前这让人痛苦的一切。

第二天早上，醒来后的倪可发现，躺在自己身边的天天，不知何时已经离开了尘世。

【枫哥点评】

这部作品的艺术性不在其三角恋的通俗情节，而在对女主角情欲意识觉醒的描述、对作者创作与生活关系的省察、对上海这个现代都会风情的捕捉。文中准确地表现了女性面对情欲的生理反应，以作为一个完整的人的立场健康地看待性，又以诗一般的描写将性的欢愉美化，公开喊出了对性的追求，既是中国女性身体写作风潮的产物，又煽动起了中国当代女性对自己身体和情欲的重视。

备注：

《上海宝贝》，作者：卫慧；年代：1999年初版。

《成都，今夜请将我遗忘》——迷失在城市里的爱情

陈重是成都一家公司的部门经理，在这个城市他有两个朋友，李良和王大头。王大头是派出所所长，李良则靠炒期货生活。

陈重是一个风月老手，只要是有点姿色的女性都能引起他的荷尔蒙分泌，只要是能骗到床上的女性，他从不手软。从大学时候的女体育老师到工作后遇到的农村打工妹、饭店老板娘，陈重都与她们有过很长时间的性关系，这还不算那些一夜情。对于性爱伴侣陈重几乎不挑食，用他的话说就是这些女性的身体总有某个部位能激发他的性欲。

一天在李良家打麻将的时候，陈重遇到了叶梅，雄性激素分泌过多的他当晚便与叶梅发生了性关系。可是事后陈重又有点后悔，觉得对不起自己的妻子。陈重的妻子赵悦是他大学同学，虽然陈重经常在外面鬼混，但内心还是很爱自己的妻子。但陈重万万没想到他这次对不起的不只是自己的妻子，还有李良。不久后李良就告诉陈重自己要结婚了，新娘正是叶梅。陈重傻眼了，他没想到会给好朋友戴了绿帽子，觉得很对不起李良。就在陈重还在后悔的时候，叶梅又打电

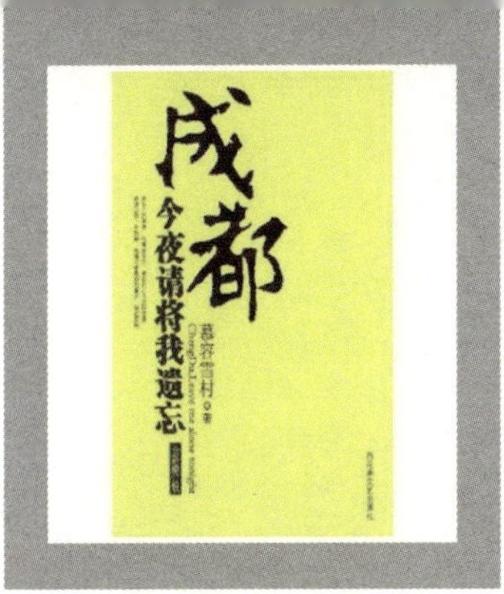

话给他说自己怀孕了，孩子是陈重的。陈重听了差点崩溃，只得陪叶梅去把孩子打掉。一次风流竟惹下这么多麻烦，从此陈重暗下决心，以后不再跟其他女人乱搞了，一心一意对待妻子。

有意悔改的陈重几次约赵悦一块吃饭，却都被她以应酬多为由拒绝了，这让陈重很郁闷。而在妻子几次不正常的表现后，陈重开始怀疑她有外遇，并让王大头帮忙查一个与妻子通话多次的可疑电话。很快王大头就将电话清单拿给陈重看。根据通话时间推断，陈重觉得赵悦几次拒绝自己的约会都跟这个电话的主人有关。然而，就在陈重还在为妻子出轨的事纠结的时候，一次突发事件却让两人的婚姻走到尽头。赵悦生病住院，心疼妻子的陈重回家给赵悦做好吃的。恰好这个时候，竟有旧情人来找他，虽然被陈重拒绝，那人却赖在陈重家不走，而且还在他家洗起澡来。要说人倒霉，喝凉水也塞牙缝，就在此时，赵悦从医院回来了，推开门一看，一个衣衫不整的陌生女人与惊慌失措的丈夫在一起，顿时伤心欲绝，说陈重你也太过分了，偷情都偷到家了，而且还趁

▲陈重是一个风月老手，只要是有点姿色的女性都能引起他的荷尔蒙分泌。

着自己生病住院的时候。这一下陈重是欲哭无泪，任凭他怎么解释，赵悦就是不原谅他，最终还是离婚了。这个时候，李良与叶梅的感情也出现了问题，两人分居了，原来李良知道了陈重和叶梅之间的事。分居后李良开始吸毒，为此陈重更加自责。

仿佛老天故意跟陈重过不去似的，他的工作也出现了危机。原来，陈重是公司的业务骨干，为公司发展立下了汗马功劳，按理说应该得到重用，但前一段公司人事调动，陈重竟没有升职，反而是能力不如他的董胖子当上了总经理。而董胖子当上总经理以后，凭着各种借口处处打压陈重。陈重为此很是恼火，一直想找机会报仇。有一次他发现董胖子去嫖娼，就趁机在背后大做文章，弄得董胖子在公司抬不起头，一度老实了很多。但等事件平息后，董胖子又嚣张起来，而且似乎知道了那次事件是陈重搞的鬼，便怀恨在心，暗中向上级打小报告，举报陈重拖欠公司巨款的事。

对此毫不知情的陈重依旧像以前一样生活着，工作，出差，找小姐，偶尔还在想着赵悦，怀念着两人的爱情。直到一天，王大头告诉他，在陈重离婚前，王大头在一次扫黄行动中就抓到赵悦跟别人偷情，碍于赵悦的苦苦哀求，王大头才没有告诉陈重。听到这个消息，陈重大受打击，他一直以来都深爱着妻子，觉得对不起她，现在才发现妻子早就背叛了他，自己彻彻底底被人耍了。心怀怨恨的陈重在设计戏弄了一次赵悦后，对爱情心灰意冷。

没多久，陈重便被公司开除了，并因没有及时还清公司的欠款而被抓到公安局。在王大头的出谋划策之下，陈重赖掉了欠款。但就在陈重准备重新开始新生活的时候，命运再次跟他开了个玩笑，因为曾经得罪了一个有黑帮背景的人，一个夜晚，陈重被打死在成都的街头。

【枫哥点评】

《成都，今夜请将我遗忘》是一部“反爱情”小说。这里的性只与原始的动物性欲望有关，爱情只是性冲动的产物，陈重与赵悦都因性而背叛了爱情。小说描写的是在都市生活中挣扎的青年男女，他们可能有较为丰富的物质生活，但在情感上却空虚无聊，在浮躁繁华的都市中迷失了自己，性快感成为他们打发空虚无聊、感受自身存在的方式。其实不只是成都，在任何一个城市都会有这样的故事发生。都市的繁荣无法掩盖某些丑陋和荒芜。书中的某些描述实际上是对现代社会生活尤其是都市生活的批判。

备注：

《成都，今夜请将我遗忘》，作者：慕容雪村；年代：2002年初版。

《丰乳肥臀》——一部母亲的史诗

上官鲁氏自幼丧母，跟着姑父于大巴掌和姑姑长大，嫁给铁匠上官寿喜之后，生了9个小孩，前面7个都是女儿，最后一胎是龙凤胞，总算给上官家留了个香火，不过都是别的男人播的种，谁让上官寿喜没有生育能力呢。

独苗上官金童出生的那天，大栏镇镇长司马亭到处通知大家日本鬼子就要进镇的消息，让大家赶紧跑路。上官鲁氏一家还没来得及跑，日本人就进来打死了上官寿喜和他爹，他娘上官鲁氏从此便疯了。

在他们走后，抗日别动队的沙月亮带着手下进驻了大栏镇，上官鲁氏家成了他们的营地。沙月亮一眼就看上了上官鲁氏的大女儿上官来弟，可上官鲁氏却不看好他们的未来，她匆忙把女儿许配给了镇上孙家的大哑巴，不料沙月亮却连夜带着上官来弟私奔了，把个上官鲁氏气得够呛。

司马亭的弟弟司马库偷偷炸了铁桥袭击日本人，这一辉煌壮举引得上官鲁氏的二女儿上官招弟对他崇拜有加，不顾他已有三房姨太太，仍以身相许。日本人再次进镇搜寻司马库，为了躲避搜查，上官招弟把他们的儿子司马粮扔给上官鲁氏后，就跟老公跑了。

日军入侵造成大批灾民流离失所，大栏镇也涌进了不少外地人，他们跟本地人争夺口粮，双方爆发争斗，后来各退一步化解了。这期间，外地人的领袖鸟儿韩跟上官鲁氏的三女儿上官领弟暗生情愫。可还没等到他们男婚女嫁，鸟儿韩突然被人绑走。受此刺激，上官领弟变得有些神志不清，还在家里设了一个神坛，从此成为方圆几里闻名的“鸟仙”。

饥荒还在蔓延，家里已经一口粮食都找不出来，上官来弟还把跟沙月亮生的女儿送回了娘家。实在无力养活一家老小，上官鲁氏只好上集市去典卖儿女，最终七女儿上官求弟被一个俄罗斯女人买走。上官求弟走后，硬扛了很久的上官鲁氏一下子病倒了，在小客栈里躺了好几天。四女儿上官想弟把自己卖给了妓院，用卖身钱替家人支付了住宿费和伙食费。

上官鲁氏病好后，一家人回了大栏镇，却发现家里住满了铁路爆炸大队的人，鲁大队长自称是沙月亮的朋友，让手下送了很多食品，还给他的孩子取名叫沙枣花。孙哑巴也在这支队伍里，后来被蒋政委任命为代理班长，刚一上任，就把上官领弟给强奸了。准备枪毙孙哑巴的时候，上官领弟却跑过去握着他的生殖器不松手，队里只好把孙哑巴给放了。途中，沙月亮和上官来弟偷偷回来想把女儿带走，却被打了个落花流水，沙月亮被活捉后，不堪受辱，上吊自尽。

不久，日本投降了，司马库带着他的抗日别动大队回到大栏镇，把爆炸大队赶了出去，在外流亡的上官盼弟也把自己的孩子送回了娘家。司马库天天在镇上组织放电影、飞行表演，完全没有意识到鲁政委会反扑，打他一个措手不及。司马库被俘后，在押送军区的途中，其儿子司马粮偷偷给自己老爹松了绑，让司马库跑掉了。

▲丰乳肥臀是性的象征，也是原始生命力的象征。

内战结束后，消失了很久的司马库在一次斗殴中暴露了行踪。民兵们为了抓住他，绑了上官鲁氏一家为人质。司马库为了营救这一家人，只好自动送上门去。他被枪毙后的第二天，司马粮就失踪了。

直到20世纪80年代末，上官家的老屋正要被强拆时，司马粮突然以外商的身份降临，还带来了当市长的表妹鲁胜利，也就是上官盼弟的女儿。鲁胜利当场下令解除拆迁。暗恋司马粮多年的沙枣花也回来了，她一直等着司马粮娶她，可司马粮却对她完全没有兴趣，沙枣花一气之下跳楼身亡，司马粮见惹出一条人命来，就赶紧跑路了。

上官金童在经历了一系列失败的工作后，最终回到了母亲上官鲁氏身边，陪她终老。上官鲁氏活到95岁才仙逝。她去世前，鲁胜利因为巨额受贿被判处死刑，缓期一年执行。

安葬好母亲后，上官金童去了他同父异母的兄弟马牧师所在的教堂，以求安度余生。

【枫哥点评】

丰乳肥臀是性的象征，也是原始生命力的象征。性贯穿着上官鲁氏的一生，给她带来的除了痛苦、快乐，更重要的是繁衍。虽然她经历了一切在宗法社会看来是无法容忍的乱伦、野合、通奸、被强暴等等，但这一切并没有使她的形象受到损伤，反而更显示出她伟大母性的创造力，使她变成了“生殖女神”的化身。而在生育和性之间的关系越来越松散，出生率节节创新低的今天，还有多少人有上官鲁氏那种想要强烈释放和延续生命力的渴望？

备注：

《丰乳肥臀》，作者：莫言；年代：1996年初版。

下篇

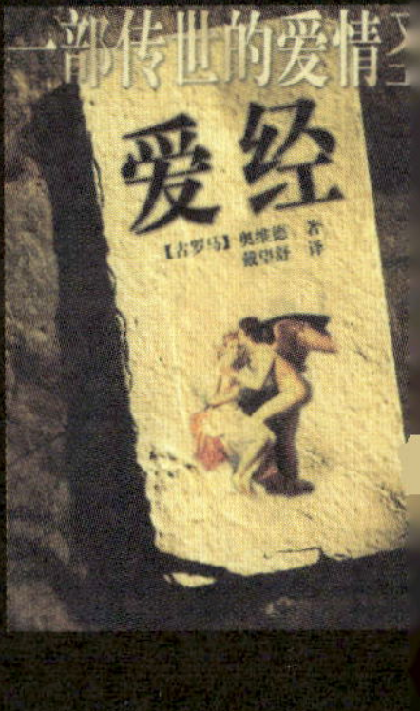

《爱经》——爱情三十六计

《爱经》是古罗马诗人奥维德的作品。《爱经》，顾名思义，是有关“爱”的经书。为了提高本书的神圣度和可信度，作者在书的开头就说自己是受爱神维纳斯的委托，向天下的男女宣讲恋爱的技巧和艺术。

《爱经》共分三部分，前两部分主要是针对男性，讲述了男性应该去哪儿追女孩、怎样追女孩以及追到手以后怎么办的问题。首先，要弄清楚真爱在哪儿。猎人打猎还得知道猎物经常在哪儿出现呢，谈恋爱也是一样。男人首先应该知道心仪的女孩会在哪儿出现，然后才能去那里寻找目标。当然目标太多的时候只能选择其中一个最爱去追求。至于怎样追，作者说了，胆大心细。追女孩一定要脸皮厚，厚才能接近你喜欢的人，没说两句话就脸红肯定玩完。你要抓住一切有利机会接近女孩，有条件要上，没条件创造条件也要上。当然脸皮厚不代表鲁莽，你还得有耐心，要细心，比如累的时候给她搬个板凳，热的时候给她扇扇子等，只要让对方感受到你的真诚，那就算有机会了。此外，男性还得注意增加自己的内在魅力，所以没事看看书增加点智慧还是好的。另

願意投到維納　下　學習兵，
第一，你當留　你　戀愛的
對象；其次你　吸引那你所
心愛的女子；　使這愛情維
持久長。這就　圍；這就是
我的馬車要跑　這就是那應
當達到的目的

▲熟练爱情三十六计的奥维德要是在今天办个爱情讲座，出几本书，甚至可以开个爱情心理咨询所，肯定也会名利双收。

外，作者认为："把你和你的情人弄到一张床上同枕共眠的不是法律，而是爱情。"因此经常去女孩那里献献殷勤，说说情话很必要。一旦追求成功了，就更要注意了，守业更比创业难的道理大家应该都懂。爱人不是你的猎物，猎物打下来就属于你了，但爱人却是一个活生生的人，需要情感的呵护。作者又说了："征服一个女人当然是光荣的，可是长久地留住一个女人更加光荣。前者有些时候是机遇的功劳，但后者则完全是依靠恋爱的艺术。"除了追女孩时的一些技巧要保证之外，你还得继续拓展其他技能。比如没事的时候送点小礼物，这个礼物不需要贵重，但一定得是你花费了很多心思的。另外要经常表达你对她的赞美和欣赏，当然还得学会浪漫，花前月下，烛光晚餐都可以考虑一下。

第三部分是专门为女性开设的恋爱技巧课堂，指导女性怎样跟爱人相处，怎样取悦男人，保持爱情的长久。比如在装饰、发饰、衣着等方面要充分显示自己的魅力。此外还要注意把握男人心理，不要让男人轻易得手，让他们明白得不到的才是最好的，这样的爱情才更有味道。

无论是针对女性还是男性，作者都强调了性爱在维持爱情稳定方面的重要性。性爱是爱情艺术的重要因素，是爱情的保鲜剂，失去性爱保障的爱情很快就会失去生命。作者举了海伦的故事为例。海伦在和墨涅拉俄斯结婚后很恩爱，但最后却跟特洛伊王子帕里斯私奔了，并由此引发了长达十年的特洛伊战争。很多人都把战争的罪责推到海伦身上，说是红颜祸水，但作者却说海伦是无可指责的，她的情郎帕里斯也是无罪的，有罪的其实是墨涅拉俄斯。正是由于墨涅拉俄斯经常外出远行而且离开的时间太长，使得海伦备受冷落，不得不独守空房，与丈夫的感情也越来越淡，而到最后，耐不住寂寞的她偷情私奔便成了自然而然的事。

性爱是维系婚姻的重要保障，但也不是说有性爱的爱情就能够一直稳定，男女双方还要注重性爱的质量，要让双方尤其是对方充分享受到性爱的乐趣。作者在第二卷以及第三卷的最后都大肆宣讲了一些性爱技巧。比如告诉男女双方都要让对方充分体会到性爱乐趣，满足对方的性爱需求；女性要依照自己的体格优点充分表现自己妩媚的姿态；快乐销魂的柔语和挑逗刺激的情话在性爱中必不可少；此外，室内光线以及性爱时的表情等因素都应该考虑到。作者可谓是把影响男女欢爱的各种因素能想到的都想到了，而宣讲这些就一个目的，让男女尽情享受性爱的欢乐。尽管奥维德提到了技巧在爱情中的重要性，但他还是反对用下三滥的手段得到情人或维持爱情，比如使用春药。作者认为用春药来求取快活是不对的，但用其他一些天然的植物和香料调情是可以的。

【枫哥点评】

奥维德不愧是一位爱情大师，《爱经》也不愧是一本爱情宝典。熟练爱情三十六计的奥维德要是在今天办个爱情讲座，出几本书，甚至开个爱情心理咨询所，肯定也会名利双收，现代社会的爱情就是缺少奥维德所说的那种激情。当然了，你若完全按照奥维德所说的去寻找爱情，肯定会倒霉。爱情自然与性爱密不可分，倘若把爱情全部归于恋爱技巧上，把爱情等同于性爱，爱情就变味了。

备注：

《爱经》，作者：奥维德（古罗马）；年代：约公元前1世纪。

《源氏物语》——日本皇族的风流韵事

在古代日本有位天皇桐壶帝，他十分喜欢出身低微的妃子桐壶更衣，桐壶更衣更为桐壶帝生下一位皇子，从此更加得宠，这让其他嫔妃很是妒忌。后宫之中，暗流涌动，善良的桐壶更衣因不善于宫廷斗争，备受排挤，在小皇子3岁的时候便悒郁而亡。失去母亲的小皇子没有强大的外戚做靠山，在宫中都很难有立足之地，更别提以后继承皇位了，而桐壶帝也不想让这个小儿子卷入到宫廷争斗之中，便将他降为臣籍，并赐姓源氏。

在源氏9岁的时候，桐壶帝续娶了酷似桐壶更衣的藤壶为妃。也许是因为从小失去母亲的缘故，源氏对藤壶产生了严重的依恋，随着年龄的增长，这种依恋慢慢变成了一种爱恋。成年后的源氏疯狂追求藤壶，起初藤壶对这种感情是回避的，但最后两人还是发生了乱伦关系，藤壶更因此受孕，生下一个儿子，不明所以的桐壶帝还以为是自己的儿子，大喜之下还将其封为皇太子，当然这都是后话了。

源氏12岁的时候迎娶左大臣之女葵姬为妻，也许是因为所娶非爱，两人感情并不太好。源氏一直在寻找感情上的

傍晚時分，源氏公子眺望着鴉雀無聲的暮天。夕顏覺得室可怕，便走卷起，在互相臉。夕顏奇特，出乎意了一切憂思，漸漸地顯出親密信任之態，樣子煞是可愛。

▲也许是因为从小失去母亲的缘故，源氏对藤壶产生了严重的依恋。

依托，他开始到处偷香窃玉，向空蝉求爱不成后转而追求前东宫妃子——他的婶母六条御息所，并同时辗转于数名女子之间，煞是风流。有一次，他准备与一位骗拐而来的女子夕颜去荒屋幽会时，夕颜却不幸被因嫉妒而失去理智的六条御息所害死，源氏也因此大病一场。就在病愈后去寺庙进香的时候，源氏遇到了他一生中最重要的女孩——紫姬。紫姬长得很像藤壶，事实上她就是藤壶的侄女。源氏趁紫姬熟睡把她带回家中，收为养女。源氏把对藤壶的爱慕转移到紫姬身上，希望把她调教成自己心中最完美的女性。几年后，紫姬长成亭亭玉立的美女，高贵优雅，才艺超众，源氏便把紫姬据为己有。葵姬在为源氏生下儿子夕雾后，也同样被妒火蒙心的六条御息所害死。而六条御息所也知道源氏不可能原谅自己，便与他分手，晚年出家为尼。紫姬虽然备受源氏宠爱，但在名分上，并不是源氏的正妻。

桐壶帝退位后，受右大臣一派支持的朱雀帝登上皇位，源氏及岳父左大臣一派失势。这时，源氏的风流又给他招致灾祸：他与右大臣女儿胧月夜偷情之事败露。源氏因此被迫远离京城，到荒凉的明石隐居，走前他把家里的事务交付给紫姬管理。按理说都隐居了，源氏应该有所收敛，但源氏追求情爱的天性依然澎湃。在明石，她与明石姬结合，并生下一个女儿。后来天现异象，朱雀帝病重，朝政不稳，源氏奉召回京辅佐朝政。不久后，朱雀帝让位给冷泉帝，而这冷泉帝便是当初源氏与藤壶的私生子。儿子当了皇帝，源氏也升任内大臣，恢复了往日的权势和地位，着实风光了一把。他将一所旧宅改造成豪华寓所，将昔日恋人统统接到院里来住，大享齐人之福。源氏感到很满足，而一直对源氏寻花问柳的作风有所担心的紫姬却心生幽怨。

在源氏近40岁时，朱雀帝出家为僧，此时已有太上皇之尊的源氏奉旨将朱雀帝的女儿三公主纳为正妻，而按辈分算三公主是源氏的侄女。尽管源氏此举并不是出自本意，但这还是让生性温柔又敏感的紫姬伤透了心，终于心力交瘁，病倒在床，源氏见此痛心不已。而趁源氏探病之际，三公主与内大臣之子柏木幽会，被源氏发现。柏木非常恐惧，一病不起，不久便死去。三公主也在生下容貌与柏木一样的私生子薰后不堪内心折磨出家为尼。经历此事的源氏感到这是自己和藤壶乱伦之罪的报应，心如死灰。不久紫姬病逝，失去一生挚爱的源氏仿佛失去了精神支柱，一下子垮了，他后悔辜负了紫姬的情意，整日以泪洗面，不久也了断尘缘，出家为僧，并在几年后死去。

【枫哥点评】

恋母情结，乱伦偷情，见异思迁，《源氏物语》中的性爱关系的确够乱。源氏曾说，在那个时代，一个男人要是没有几个女人就会被人耻笑，一个女人只有在和其他女人的竞争中夺得宠爱才是有真本事。由此看来，在源氏的时代，风流是种时尚，可以说是“人不风流枉为人”。但人生的意义难道只能在性爱风流中才能得到展现吗？源氏一生风流，最终却遁入空门。放纵性欲之后，人的一切都在略显哀伤的笔调中归于虚幻。

备注：

《源氏物语》，作者：紫式部（日本）；年代：未确切，一般认为在1001—1008年间。

《十日谈》——性爱故事会

欧洲中世纪的时候暴发了一场可怕的瘟疫，很多人因此死去。有十个幸存的年轻男女受不了城市死气沉沉的氛围，就相约出城到一个阳光明媚的山上生活。闲着的时候，大家就轮流讲故事。十天的时间他们就讲了100个故事，而且这些故事很多都与性有关，用现在的话说就是黄色小故事。

要说这欧洲中世纪的天主教确实有点过分，竟然规定男女要禁欲。这可苦了很多人，尤其是广大的妇女。为了满足自己的情欲，那些女性可谓是各出奇招，上演了一幕幕喜剧。有个叫查理的法官，家里很有钱，不足的地方就是性能力有点弱，但即使是这样，查理还是想娶一个漂亮的老婆。最终天遂人愿，他娶到了城里数一数二的美女巴托罗米霞。结婚那天，查理大摆筵席，款待宾朋，但到晚上行房时，查理累得筋疲力尽也没能让妻子尽兴，这让他很郁闷。查理自知能力有限，但又不想在妻子面前抬不起头，就心生一计。第二天他对妻子说：“老婆大人，咱们都是虔诚的天主教徒，按照教义规定，在圣徒的节日是禁止房事的，所以你得先看看哪天是圣徒的节日，咱们列出来，到了那天一定要按规定办事。”查理夫人满口答应，便翻开书查看圣徒节日。这一看不得了，原来，从年头到年尾，几乎每天都有圣徒节日。就这样，查理夫妇一年也行不了几次房事。

一年夏天，查理带着夫人到一个小岛避暑。为了解闷，查理号召周围几个人去海上打鱼。到了海上，鱼没打着几条，却碰上了一群海盗。海盗头目帕加尼奴看上了美丽的巴托罗米霞，就把她掳走当压寨夫人，把其他人都放了。妻子被掳的查理很着急，回城便报了案，却没人受理。查理只得自己想办法。而巴托罗米霞被帕加尼奴掳走后，刚开始还闹个不停，帕加尼奴怎样讨好她都没用。直到一天帕加尼奴霸王硬上弓，用身体征服了她。原本缺少性爱的巴托罗米霞从帕加尼奴那里尝到了久违的性爱乐趣，把丈夫抛到了脑后。可怜的查理此时还在四处打探老婆的消息。皇天不负有心人，查理终于找到了帕加尼奴的住处。他企求帕加尼奴归还自己的夫人，帕加尼奴说：“这个我做不了主，你去问问巴托罗米霞吧，她要是想走我不拦着，要是想留我也接受。”查理一听大喜，自己老婆能不跟自己走？于是急忙跑去问夫人。谁知夫人却拒绝跟他一起走。查理很迷茫，总得给个理由吧？巴托罗米霞说：“以前我跟你在一起的时候，虔诚信教，房事少也就算了，可气的是关键时候你又不行，我连点夫妻之乐都体验不到。而今跟了人家帕加尼奴，虽说日子苦点，但尽享鱼水之欢，好不快活。谁还跟你走？”眼见夫人决心已定，查理只能灰心丧气地回家。自己的老婆跟了别人总不是件光彩的事，没多久查理便在羞愧和愤恨中死去。巴托罗米霞则和帕加尼奴结为夫妇。为了情欲竟然把丈夫踢到一边，巴托罗米霞也算是开了一个先河。

不光结了婚的女人为了情欲偷情，就是修道院的修女也我愛我意中人，雖説愛得比任何人都熱烈，不論自己怎樣抑制、旁人怎樣規勸，將來蒙耻受辱，身敗名裂，在所難免，都不能挫折或動摇我這份愛情；可是這份愛情却終于給流水般的時光衝淡了，到現在我的靈魂裏只剩下歡樂的追念。

▲《十日谈》中的这些性爱小故事，实际上是对中世纪天主教禁欲思想的反抗。

常常忍不住，做些出格的事。有一个故事就讲修女伊莎贝达耐不住寂寞，跟一个男人在修道院里偷情，但被其他修女发现了。她们趁伊莎贝达偷情的时候向院长告发，可怜的伊莎贝达就这样被捉奸在床。院长当着众多修女的面大声训斥伊莎贝达，骂她不知羞耻。其他修女这时候有点同情伊莎贝达了，正准备替她求情，却见伊莎贝达看了院长一眼，慢悠悠地说：“院长大人，在惩罚我之前，您是否先把自己的头巾扎好呢？”经过伊莎贝达“善意”的提醒，众修女才发现院长头上顶着一条男人的短裤，顿时明白了。原来在众修女找院长揭发伊莎贝达的时候，院长正在和一个教士偷情，突然听到有人敲门，害怕被人发现，慌乱之下拿了件东西套在头上就出来了，还以为是自己的头巾。果然是上梁不正下梁歪，院长此时大窘，只得说：“只要秘密工作做好，大家都可以去寻欢作乐。”众修女大喜，一哄而散，纷纷去找情人去了。

【枫哥点评】

从深层意义上讲，《十日谈》中的这些性爱小故事实际上是对中世纪天主教禁欲思想的反抗。妻子应该忠于丈夫，修女应该忠于上帝，但故事中的妻子却背着丈夫偷情，就连修女也抛弃上帝，跟着一起疯狂。一切原有规则都被颠覆。可见情欲这东西，你越压制，它爆发的能量就越大。当然，从现实意义上讲，《十日谈》还告诉我们：性爱是夫妻生活的一部分，性生活质量是维持婚姻幸福的重要砝码，应该得到重视。历史的教训，今人马虎不得啊！

备注：

《十日谈》，作者：薄伽丘（意大利）；年代：14世纪。

《欲经》——性爱生活宝典

《欲经》是一部地地道道的性爱生活宝典，它描述了古印度时期城市里的富裕青年日常生活中的性爱以及性爱中的各色女人。

作者犊子氏觉得性爱是十分复杂的游戏，在感性的同时也要理性分析和对待。针对各色女人，性爱的花样应该各不相同，他据此做了一个详细分类，包括64种姿势、4种拥抱方式以及十几种接吻方式。除此之外，还重点介绍了性爱所需要的幽雅环境、和谐气氛、高尚情调，不愧是性爱大师，比女人还了解女人。

犊子氏建议，在性爱开始之前，男人首先要在激情地点营造出良好氛围，比如放点鲜花，洒点儿香水，浪漫的调子一定要铺足，才能让女人有个好心情，好状态。女子在去见男子之前，当然也要认真梳洗打扮，让自己的美丽充分展示出来，激发起男人的呵护和爱慕。随后，当男人在朋友和仆人的陪伴下，迎来自己的女人后，首先要做一些调情的工作，可千万不能像牲口一样长驱直入。这时，酒是最好的助兴工具，可以让人放松并激活欲望。小酌几杯后，男子就可

▲作者犊子氏觉得性爱是十分复杂的游戏，在感性的同时也要理性分析和对待。

以坐到女子身边去，轻轻抚弄她的长发，随意地聊聊天，让她感受到男人的柔情蜜意。这个时候还可以弄点音乐或者歌舞之类的增加气氛，让场面更加浪漫有情趣。在酒的催化下，女人的情欲被慢慢点燃，当男人观察到女人有点迷离的时候，便可以用鲜花和香水送走在场的其他人，之后就能与女子同床共欢了。

性爱结束之后，男女要各自去沐浴。穿上衣服收拾整齐后，再回到自己的位置上坐下。为消除尴尬，男子应用手挽住女人的身体轻轻爱抚，使女人在淡雅的情调之中重新感到轻松，再一起吃些点心或者水果，也可走出房间赏风景或是讲些与此时的格调相应的故事，也可在房间里进行游戏之类的轻松活动。

犊子氏对男女性事的精通让人佩服得五体投地，但他本人并不浪荡轻浮，反而十分尊重女性，觉得女人常常比男人更有激情，能从性爱中获得更多快乐，对性爱的感受也比男人丰富。他是在进行了严格的禁欲之后才创作了《欲经》，在他心目中，性爱与人的职责和社会义务相关联，是美妙的生活享受，是在对自我情欲进行严格控制后才能进行的。

《欲经》极力倡导性爱行为中的温柔典雅，使激情能在一个平稳的秩序里，不急不缓地释放，这样人类骨子里的野性和后天习得的爱欲就能和谐地统一。因性而爱，因爱而性，不是不食人间烟火的单纯浪漫，而是朴实性本能在文明社会中的真实表达。在占有性的性欲和温柔的浪漫渴求之间，无序的本能和有序的道德之间，天性和人性之间，寻求到某种平衡。

在古印度，性爱在人们生活中的地位很高，并不会被贴上龌龊的标签，反而被认为是最能激发人们活力和情感体验的完美享受，也最容易被转化为对宗教和艺术的热情。

在《欲经》中，性爱方式多表现的是某种生活情趣，从而使性爱显得活泼生动。有时候也取自然景象或是动物形象来比喻性爱，这与中国古代房事书中所说的“虎游”、“蝉附”、“鸳鸯合”、“空翻蝶”、“野马跃”、“三春驴”、“吟猿抱树”、“丹穴凤游”等类似，主要是一种象征意义。同时，也讲究性爱的角度、深浅以及缓急等，使男女双方在相互配合中得到快感。

总而言之，《欲经》可谓是一部性爱大全，不仅有直观的性爱姿势，还涉及性爱心理以及性爱气氛等等，朴实而不憨直，艳情而不滥情。

【枫哥点评】

《欲经》实际上是一部关于女人的书，它的意图在于使男人认识女人：女人是温柔和激情的化身，男人要想从性爱中获得真正的快乐，必须先了解她们。从书中可见，传统的印度教对性的态度是健康和坦然的，且男人和女人在性爱中地位平等。当今时代的男人不仅可以从《欲经》中学习到如何更好地享受性爱，更应该领会它提倡的性别平等理念。

备注：

《欲经》，作者：犊子氏（古印度）；年代：公元300—500年。

《查泰莱夫人的情人》——性的觉醒

1917年，康斯坦丝·查泰莱嫁给了克里福德·查泰莱。可 6 个月后克里福德就伤残了，他的父亲得知这个消息后过度伤心而死，倒霉的康妮（康斯坦丝的昵称）不得不跟随这辈子都只能坐在轮椅上的克里福德回老家继承爵位。

自从回到家中，克里福德十分惧怕外人看他的眼光，过起了几乎与世隔绝的生活。他开始写小说，全身心地投入其中，期望用作品来证明自己依然是个有价值的人。康妮竭尽全力地帮助他，陪他讨论、朗读等，反正家里也没有其他的事情要她做。这件事起初让康妮很兴奋，可每天都对着文字精雕细琢的精神生活，渐渐让她感到十分空虚。康妮的父亲来探望过后，劝她找个情人，不要将自己困在守活寡的处境中，这更激发了康妮内心的躁动与不安。

克里福德常请很多批评家、作家、艺术家来做客，因为这些人可以在各种场合帮他的小说打广告做宣传。一次，他邀请了一个在英国和美国都走红的剧作家麦克里斯。此人原本是一介平民，却凭借着出色的写作才能和强烈的成功欲望跻身上流阶层。克里福德想借助他扩展自己在美国的影响

這純潔的滋味是多么好啊，就如同我
靈魂中的一條　　我喜歡我
們之間流　　條貞節
之河，　　青新的
水和　　么會
想要　　一個
唐璜　　既不能
獲得歡　　又不能
讓那團小　　中變成烈焰，
也不能再間歇時像一條清流那樣貞節。

▲从麦勒斯那里得到性快乐的康妮觉醒了。

力，虽然他内心很瞧不起此人的出身。

麦克里斯身上粗鄙的真实和被排挤的忧郁深深吸引了康妮，麦克里斯稍微一主动，压抑很久的康妮就跟他有了肉体接触。这次偷情给康妮带来了些许活力，可随着麦克里斯的离开，她又陷入虚无和狂躁中。

一天，康妮跟克里福德到屋子后面的树林里去散步，克里福德忽然跟康妮说他并不介意通过别的男人让康妮怀孕，只要她跟那个人并不产生爱情，而且小孩归属于查泰莱家族。康妮被克里福德的提议震惊了，同时又很懊恼，这个提议似乎在暗示她要一辈子在这个死寂的家里生活下去。

散步的时候，他们遇到了查泰莱家的猎场看守麦勒斯，此时康妮还未意识到他们之间日后会擦出惊天动地的火花。

麦克里斯写信来告诉克里福德，准备将他作为一出戏的男主角，而且已经写出了第一幕。克里福德激动得不行，立刻邀请他带着写好的剧本来家里做客。

剧本朗诵很成功，麦克里斯却感到有些不安，在这样的时刻，他特别渴望康妮的崇拜和赞美，以满足他的虚荣心，但她却没有找他。麦克里斯跑去康妮的起居室等她，面对康妮的不冷不热，他冲动地说她不应该跟克里福德这个废物在一起浪费美好时光，自己可以给她提供无比美妙的生活。对麦克里斯的表白，康妮不置可否。

那一晚，在麦克里斯的要求下，他们又有了性行为。可事后，麦克里斯却对自己一直硬扛着让康妮达到了高潮表示不满，这种自私让康妮大为光火，掐灭了她刚刚因高潮而萌发出的一点点爱意。

一日，克里福德要给麦勒斯送个口信，可听差的人碰巧生病了，康妮便接下了这个活，送信的时候却意外撞见麦勒斯正在洗澡，充满活力的身体让康妮的身体一阵激动。

长时间的压抑让康妮一日日消瘦下去，她再也无法忍受这样的无聊，给姐姐希尔达打了个电话。希尔达带她去城里做了个检查，医生说康妮必须多点娱乐活动以抵抗抑郁。

回家后，希尔达就给克里福德下了通牒，让他找护工，否则就带走康妮。克里福德不得不雇用护士伯顿太太来照顾自己。

伯顿太太来了后，康妮感觉自己多了些自由。一天她去林中散步，意外发现一栋小木屋，麦勒斯正在那里做鸡笼。虽然与麦勒斯的几次交谈都不愉快，但某种东西却一直吸引着康妮频繁地往小木屋跑。

与此同时，克里福德在伯顿太太的启发下，开始关心自家的矿井，研究采矿技术和管理模式。在这个过程中，他好像重新找回了自我，找回了自信。

康妮却越来越孤独，她看着孵出来的小鸡，那些柔弱的新生命让她觉得自己特别可怜。被这死水般的生活困着，连生儿育女的机会都没有，她忍不住掉下泪来。这番楚楚动人的模样激起了麦勒斯的爱怜，两人便有了第一次交欢。

这之后，他们常在一起享受性激情。性生活的快乐让康妮越陷越深，最终无可救药地爱上了麦勒斯，两人商量着双双离婚后在一起。

去威尼斯度假的时候，康妮发现自己已经怀孕了。她并不想把这个孩子留给克里福德，又怕说出孩子的父亲是谁，怕被周围的闲言碎语淹死，便找了一个上层阶级的朋友假装孩子的父亲，向克里福德提出了离婚。克里福德死活不同意，而且要跟康妮见上一面。

康妮只好回家了。在克里福德的讥讽下，她忍不住说出孩子真正的父亲其实是麦勒斯。克里福德大受刺激，无法接受自己的妻子竟爱上一个贱民，但他依然不肯离婚，谈判不欢而散。

可康妮决心已定，她离开拉格比去了苏格兰，一边在那里养胎，一边等待和麦勒斯真正在一起的那一天。

【枫哥点评】

在作者劳伦斯眼中，性欲是引起一切生活现象的根源。瘫痪了的克里福德给不了康妮性爱，她偷情是再自然不过的了，用道德压抑人性才是不道德。从麦勒斯那里得到性快乐的康妮觉醒了，义无反顾地背叛了所属的上层阶级和它的一切虚伪道德，走出了不人道的婚姻，去勇敢追求真实幸福的生活。当下我们也常讨论性爱在婚姻中的重要性，没有性爱的婚姻，就像没有上润滑油的机车，跑着跑着，只能死火。

备注：

《查泰莱夫人的情人》，作者：劳伦斯（英国）；年代：1928年初版。

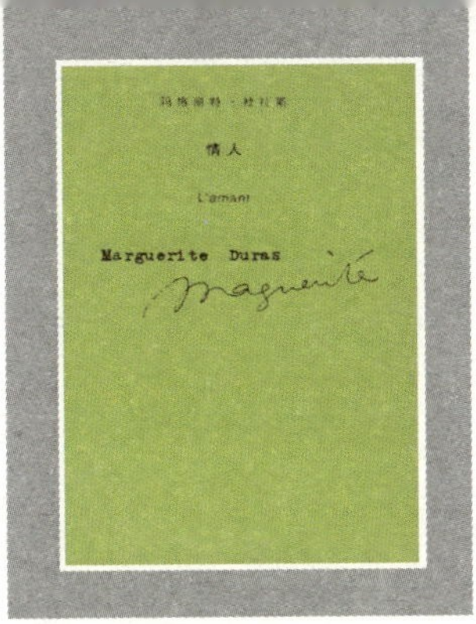

《情人》——疯狂而绝望的异域爱情

20世纪30年代，法国一名男子被派往法属殖民地越南工作，其间却因病去世，丢下孤儿寡母在越南独自生活。在物质贫瘠的年代，为拉扯大三个孩子，母亲不得不使自己成为一位十分彪悍的女性，想尽各种办法赚钱以维持生计。她尝试过很多种投资，买卖房子，购置租让地等，但多以失败告终。她最宠爱的大儿子吸毒好赌，本来就很薄的家底在他的挥霍下，更是一贫如洗。

虽然穷得捉襟见肘，但身为教师的母亲仍十分重视对孩子的教育，她让大儿子回法国读机电学校，让小儿子在西贡学会计，至于女儿，她坚持要她读完中学，去参加中学数学教师资格会考。

女儿15岁那年，在一次外出旅行结束后，独自回西贡的寄宿学校。途中要在湄公河坐渡船，她倚靠在船舷上，身上散发的独特气质，吸引了同在船上的中国富商。富商住在沙沥河岸边的一幢别墅里，家里是控制殖民地广大居民不动产的金融集团，非常富有。

风度翩翩的富商拿出一根烟怯怯地跟少女搭话，不停地

他不是一個白人，但他一身西式裝束，穿着一
套西貢銀行家所穿的 色榨絲綢制服。他一直
盯着我 我 習 在殖民地那
裏，當 女，就連十
二歲的 當我上
街的時候 并沒有
什么可 引性欲的
東西。 對他的挑
逗，或根 相遇的時
候，或者這 、已經存在，
或者從來就不 這目光或
者是性交的直接信號，或者 什么也不是。
這一點、我也早在“體驗”之前就有所領悟了。

▲走的那一天，少女看着远处岸上的中国情人，默默地在心里哭了。

歌颂他们的偶遇，赞美少女的美丽。征得少女同意后，他心情激动地用自己的小汽车送她回家。

从迈上中国富商的车开始，少女就知道自己的命运将会发生一些变化了，而这些变化她并不打算让家里人知道。

数次约会过后，他们在一个白天发生了关系，是少女主动要求的。当中国富商一直在说爱她的时候，她并不清楚自己的感情，本能地认为应该用这种方式去回报他的付出，好像是应尽的责任一样。她又跟富商说到哥哥十分败家，母亲又投资失败，生活十分困窘。富商对少女充满了同情，说自己会给她一些钱。

后来，他们的关系还是被少女的家人知道了，富商请他们去高级饭店吃饭，他们享受着他的美食，却无视他的存在，对他的黄种人身份充满了蔑视，笃定少女跟他在一起只是为了钱，而不是什么狗屁爱情。少女的母亲甚至好几次毒打自己的女儿，大骂她丧尽廉耻，比一条母狗还不如。

可当女儿跟中国情人在一起夜不归宿时，她又在校长面前为女儿的行为辩解，希望学校可以让她自由活动。一面为女儿的行为感到羞耻，一面又默许了她跟中国情人在一起，因为那样可以给家里增加一些经济补助。

事实上，这段关系的宿命早已注定，两人内心都非常清楚。不仅仅是女方家的阻力，男人的父亲也不同意他娶一个妓女似的白人女子，他也不敢违抗父命。

少女在学校有个要好的女同学叫海伦·拉戈奈尔，海伦·拉戈奈尔不明白学习是为了什么，只知道最终要听从家里安排嫁人，但她对这一未来充满了恐惧。在少女眼中，海伦·拉戈奈尔的身体十分完美，充满了诱人的欲望，她很多次都想把海伦·拉戈奈尔拉到城里，与自己一起，享受中国情人高超的性技巧。少女的情欲被开启后，熊熊燃烧。

和中国情人在一起一年半后，少女的母亲把家具物品卖掉，带着子女回到了法国。在他们离开之前，男人又去求父亲同意在少女回法国之前，可以留在他身边。对正在爱情兴头上的他来说，强行和心爱的人分开实在太难接受。可他强势的父亲还是重复那句话，宁可看着他死也不能让他俩在一起。

走的那一天，少女看着远处岸上的中国情人，默默地在心里哭了。在海上航行的时候，她想到中国情人，竟无法断定是不是爱过他，是不是用她未曾见过的爱情爱过他。此前，她一直笃定自己跟他在一起只是为了钱，没有别的。

许多年过去了，男人带着现在的女人去巴黎时，给以前的情人打了一个电话。对她说，和过去一样，他依然爱她，且会一直爱到他死。

【枫哥点评】

《情人》具有浓郁的自传色彩，杜拉斯有一句名言：如果我不是个作家，一定是个妓女。小说中的白人女孩一开始就是抱着把自己当妓女的心跟中国情人在一起。这样的自我毁灭感来源于她的家庭，在她开始随意使用自己的身体前，她对生活的热情和信心都已被摧毁。而现实中，杜拉斯一生对于情欲的饥渴，在她还是个少女时，在那个缺乏爱的环境中，已经初具雏形。所以她才能将那种绝望无助的性爱，无言悲怆的离别，爱到尽头的孤独感，描述得淋漓尽致，使人流涕，令人痴迷。

备注：

《情人》，作者：玛格丽特·杜拉斯（法国）；年代：1984年初版。

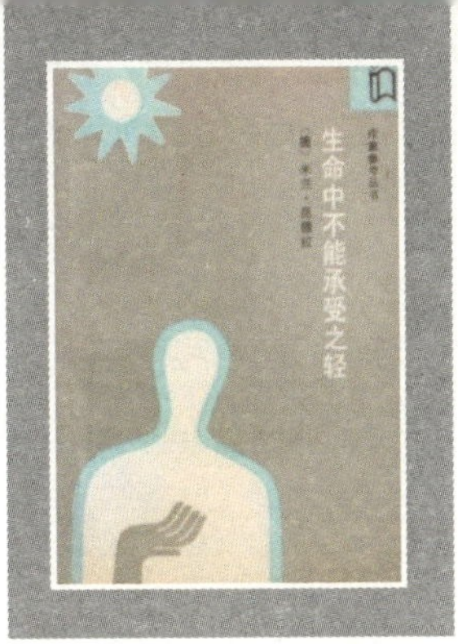

《生命中不能承受之轻》——那么轻，那么重

托马斯是布拉格的一个外科医生，一次偶然的机会，他在乡间火车站遇到了餐馆女招待特丽莎。两个人一见钟情，不久就发生了性关系。但此时的托马斯却陷入茫然了，托马斯本来以为两人只是萍水相逢，露水姻缘，慢慢地，他发现自己竟爱上了特丽莎。这让他有点恐惧。托马斯离过一次婚，那段婚姻让他很受伤。离婚后的托马斯开始了自己的放荡生涯，他有很多情妇，但只与她们保持单纯的性关系，没有任何感情成分，而且托马斯也不允许自己与这些情妇产生感情纠葛。现在一切都不同了，他感到自己爱上了特丽莎。托马斯不知道自己应该结婚还是独居。

特丽莎出身贫苦，她一直都在寻找灵魂上的依靠，当她见到托马斯的时候，觉得自己找到了灵魂上的依靠。为此，她孤身一人来到布拉格投靠托马斯。托马斯通过老情人萨宾娜的帮助为特丽莎在杂志社谋得一份工作。与托马斯同居的特丽莎很自觉地行使爱人的角色，她很爱托马斯，忍受不了他拥有众多情人的生活，有一次竟以自杀威胁，要托马斯与情人分开。托马斯虽然很爱特丽莎，但又不愿意舍弃那些情人。最后，托马斯还是跟特丽莎结婚了，他觉得在特丽莎身边能体会到灵魂上的安宁。但特丽莎却并不是那么高兴，因为托马斯依旧跟情人们藕断丝连。

不久，苏联军队攻占了布拉格，时局动荡。瑞士苏黎世的一家医院邀请托马斯过去工作，但他却放弃了这个机会，因为特丽莎不想离开。已是杂志社摄影记者的她每天都很高兴地跑在街上拍时政照片，仿佛已找到了人生的乐趣。苏军撤退后，夫妻二人搬到了苏黎世。本想安安稳稳生活的特丽莎发现丈夫依旧和情人们保持着关系，伤心透顶。半年后的一天晚上，不堪忍受丈夫出轨的特丽莎留下一封信后独自返回布拉格。特丽莎的离开使托马斯陷入沮丧之中，他觉得自己失去了情感上的依托。由于忍受不了思念的煎熬，托马斯决定辞职回家，寻找特丽莎，回到她身边。离开托马斯的特丽莎一度想找一个情人，但她觉得实在无法违背自己的灵魂，便放弃了这个想法。相聚后的托马斯和特丽莎发现，虽然生活中双方时有摩擦，甚至有时很痛苦，但他们都很爱对方，彼此已成为对方生命中甜蜜的负担。后来，因为忍受不了布拉格压抑的政治氛围，俩人搬到了乡村生活，最后在一场车祸中双双离世。

萨宾娜是一个画家，她曾是托马斯的情妇之一，但托马斯也并非她唯一的情人。在托马斯搬到苏黎世的时候，她搬到了日内瓦。在那里她遇到了弗兰兹，一个已婚的大学教授。弗兰兹有一个稳定工作和一位漂亮妻子，但他内心却渴望突破这种稳定生活的圈子，他向往革命但又对暴力有一丝恐惧。遇到萨宾娜之后，萨宾娜身上的一切都吸引着弗兰兹，弗兰兹疯狂地爱上了她，两人开始偷情。为了跟萨宾娜在一起，弗兰兹甚至不惜背叛了自己多年的婚姻。当他做完

他們爲　　　了　　　獄，盡管他們彼此相愛。　　他們　　　此相愛，這足以證明錯不在他們本身，不在他們的行爲，也不在他們易變的情緒　錯在他們之間的不可調和性，因爲他强大，而她卻是軟弱的。

▲性与爱的关系就像肉体与灵魂的关系，它们时而融合，时而分离。

这一切时，萨宾娜却突然离开了他。她去了巴黎，找到了新情人。十年后她又搬到了美国。她讨厌忠诚与媚俗，她特立独行，在一个又一个情夫、一次又一次背叛之间辗转。在晚年，萨宾娜才觉得自己过往漂泊的人生充满虚无，毫无根基。

萨宾娜的背弃，让弗兰兹突然醒悟，他发现自己过去对于婚姻的执著非常可笑，恢复单身的他开始追求自己渴望的冒险生活，参加各种与革命有关的活动。后来他与自己的学生相恋，并认为自己找到了真爱。为了所谓的理想，弗兰兹和朋友一起去了曼谷，因为那里靠近战乱的柬埔寨，他可以接触到渴望已久的革命。可在一场抢劫中，弗兰兹受了重伤，被迫回国治疗，最终在前妻的陪伴下死于病榻，而他的学生情人甚至连他的葬礼都没去参加。

【枫哥点评】

每个人的生命中都有过太多太多的事，它们看似轻如鸿毛，却让人难以承受。《生命中不能承受之轻》中的性描写很多，但这些性却被赋予了更深层次的意义。性与爱的关系就像肉体与灵魂的关系，它们时而融合，时而分离。托马斯一生在性与爱之间挣扎抉择，特丽莎也曾差点为了性背叛自己的灵魂。在他们身上，那些背叛爱情的性成了灵魂的对立面。萨宾娜一生都在突破“媚俗”这个词语，她与男人的关系只有性没有爱，但性伴侣无数的她，在生命的最后才发现自己的灵魂无处安放。

备注：

《生命中不能承受之轻》，作者：米兰·昆德拉（法国）；年代：1984年初版。

《挪威的森林》——青春期的性迷惘

渡边、木月、直子三人是无话不谈的好朋友。直子和木月是一对恋人，直子沉静优雅而木月非常善谈，渡边则是一个十足的大灯泡。那时的他们无忧无虑。直到木月毫无征兆地突然自杀，三人组合瞬间解体。渡边逃离似的离开了家乡，去到东京的一所私立大学读书，似乎是想远离那段记忆。

一次偶然，渡边在车站遇到了直子，才知道直子也离开了家乡，在另外一所大学读书。很自然地，两人开始约会。有意无意地，两人都回避着过去。时间就这样平淡地走着，渡边和直子的感情看似有了进一步发展，但渡边内心清楚，他和直子之间一直隔着什么。直子20岁生日的那天晚上，两人发生了性关系，渡边发现这竟然是直子的初夜。他很吃惊，因为他一直以为直子跟木月已经发生过关系，那个时候他们是如此相爱。渡边忍不住问直子为什么，直子没有回答，只是默默地哭着。渡边明白一定有什么事自己不知道，于是打算让直子平静一段时间，自己回学校去等她的消息。一个星期过去了，他没有等到直子的来信，再去找她时，才知道直子3天前已经搬走了。直子的离开让渡边很是失落，他但是直子的面影在我腦海中如此浮現出來，總是需要一點時間的。而且隨着歲月的流逝，所需的時間也愈來愈這固然令人悲哀，但事實就是如此。十秒，三十秒，一分鐘。它延長得那樣迅速，竟同夕的陰般，并將很快消融在冥冥夜色中。哦，原來我的記憶的確正在步步遠離直子站立的位置，正如我一度遠離自

▲直子有性障碍疾病，但却也拥有两个人的爱，那样纯净，那样真挚。

不知道直子去哪儿了，只能尝试着往她老家寄信，希望直子能够收到。连续寄出去两封信，依旧没有回音。有些消沉的渡边开始跟舍友永泽一起到外面鬼混，并和很多女孩发生了性关系。每次性爱之后，渡边都感到一阵茫然，他不知道这样的性爱是为什么，更觉得自己对不起直子，但是每次他都控制不住自己对肉体的渴望而再次寻欢。

整整两个月后，渡边才收到直子的回信。直子告诉渡边她休学了，搬到一家疗养院治疗，她说想结束两人的关系。即使渡边觉得直子还没有忘记木月，却依然深爱着她。

新的学期开始了，渡边遇到了绿子，一个与直子完全不同的女孩。绿子活泼开朗，敢爱敢恨，渡边在她身上感受到了不一样的情感。绿子知道渡边有女朋友，但还是喜欢上他并大胆表白。一方面念念不忘直子，一方面又难以抗拒绿子迷人的活力，渡边陷入了痛苦和迷茫中。

无法排遣复杂情绪的渡边再次跟永泽一起去酒吧消遣。不久，渡边又收到直子的来信，信里直子向渡边介绍了疗养院的一草一木，言语间，渡边能感受到直子仿佛又回到了高中时候快乐的样子。直子说她只有在疗养院才能平静下来，外面的世界对于她来说太可怕了，她无法再走出去。收到信的渡边决定按照信上的地址去找直子。

在一个几乎与世隔绝的疗养院里，渡边见到了直子并结识了直子的室友玲子，一个同样因精神抑郁而来此治疗的女生。渡边从直子那里知道了一切。原来直子很早就患上了性障碍疾病，这让她无法像正常人一样过性生活，知道这些的木月依旧爱着她，这让直子觉得自己有所依靠。可木月的突然死亡让直子陷入了恐惧，她不知道还可以依赖谁，直到再次遇到渡边，她从渡边那里找到了些许安全感。原本一切都会正常地走下去，但生日那天直子发现自己竟能跟渡边发生性关系，这让她觉得亏欠木月很多，这时她也发现自己还爱着木月，便选择了离开渡边。

这次离开，让失去依赖的直子再次陷入恐慌，患上了严重的精神抑郁症，因此来到这个疗养院接受治疗。明白一切后的渡边紧紧抱着直子表示会永远等待她。但返校不久，渡边再次陷入绿子和直子的感情抉择之中，内心十分苦闷。他一直牵挂着直子，并在寒假的时候再次去疗养院看望病情加重的直子，同时，他和绿子的感情似乎也更深了。

直到一天，直子自杀了。收到直子死讯的渡边像是失去灵魂一样四处游荡，寻找直子的身影。这时，玲子找到渡边，两个人开始聊直子的一切。玲子弹起吉他，渡边静静地听着，随后他们也发生了性关系。临别时，玲子鼓励渡边忘记过去，去寻找新生活。可当渡边给绿子打电话时，却又对自己的感情归宿再次陷入迷惘。

【枫哥点评】

《挪威的森林》，是一部关于青春迷惘的小说，小说中的性描写很直白，但很干净，且只和青春有关。在书中平缓而又略带哀伤的叙述中，性与爱似乎是被剥离开来的，直子有性障碍疾病，却拥有两个人的爱，那样纯净，那样真挚。而带着渡边鬼混的永泽，声称跟数不清的女人发生过性关系，甚至连她们的名字都记不住，他和她们唯一的联系就是性。爱与性有关，但性与爱不一定有关。

备注：

《挪威的森林》，作者：村上春树（日本）；年代：1987年初版。

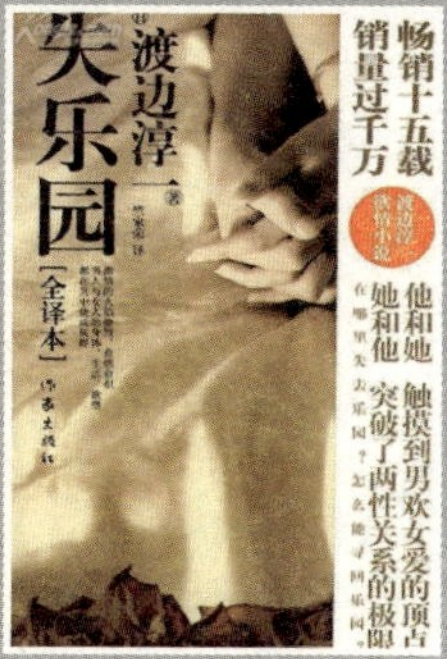

《失乐园》——中年人的情感困境

公司换了新社长之后，本来是顶梁柱的久木，不仅没得到提升，还遭到排挤，被调去一个闲职部门。53岁的他心知事业已经到头，不如花更多时间去享受生活。

一次，他在报社工作的大学同学衣川，邀请他去做一个有关“文章写作方法”的讲座，在讲座上，他对38岁的已婚少妇凛子一见钟情。在他频繁的攻势下，凛子最终成了他的情人。

随着感情的升温，久木和凛子越来越难舍难分，两人经常离开东京，到外地去一度春宵。

虽然两人在性事上的美妙前所未有，但各自身后都有家庭也是无法逃避的现实。久木时常担心凛子的丈夫会怎么想，而且内心也有些愧对妻子。

衣川邀请久木去他所在报社的出版部门工作，久木说考虑一下后再给他回复，却意外地从衣川口中听到凛子想出来独立生活的打算。虽然久木十分爱凛子，也常幻想两个人单独在一起的生活，但他却并未想过要抛弃结发妻子。如果凛子离开丈夫，他总不能无动于衷吧。偷欢的刺激和抛弃家庭

戀情早晚要達到一個頂點。從相識到相互愛慕，再發展到難以克制而結合，這一過程是那么一帆風順，戀人們自己往往無所察覺

▲陷入橡皮婚姻的人是该在麻木中枯萎下去，还是应该换一个人，换一种心情?

的痛苦常在久木心中斗争。

几个月后，凛子的父亲突然去世了，饱受相思之苦的久木前往横滨，死皮赖脸地央求凛子在守灵结束后去横滨饭店见他一面。在饭店房间，久木看着身着丧服的凛子，升起一种变态的兴奋，不停挑逗她，双方的情欲再次燃烧。事后，清醒过来的凛子十分后悔，觉得自己会受到报应。

一晃到了新年，久木和凛子谈起未来一年的打算，久木不知道继续这样下去，两个人是可以更牢固地结合在一起，还是会一起坠入地狱的深渊，索性不去想了，又去宾馆订了房间厮混。凛子说本想在这一年跟他分开，最终却还是逃不过。

这一次约会后，凛子的态度变得十分坚决，一改往日的被动，常常主动给久木打电话要求见面，甚至会在电话中直白地说想念他，看来是打算明目张胆地跟久木在一起了。为了方便约会和节省开支，两人在涩谷租了一套房子，过起了家外有家的生活。虽然这是久木一直梦想和渴望的，可一旦变成现实，他又产生了新的不安。

他和妻子的关系越来越紧张，凛子和丈夫之间的裂痕也在日益加深。既然双方的家庭都面临崩溃，两人又这么难舍难分，那么双方都离婚，正式生活在一起似乎更合理。可是久木对于夺人之爱，内心总有些愧疚，而且凛子的丈夫从社会地位和收入上来说都胜他一筹，凛子真的愿意离婚吗？而他的妻子也没什么错，只是自己因为有了喜欢的女人就要甩掉她，真是十分不道德。

在涩谷租房一个月后，凛子的生日到了，他们决定去离东京不远的日光看雪景，当作给凛子的生日礼物。本来预计只待一晚，没想到遇上少见的大风雪，被困山中。要多待一日，两个人的心情都变得沉重起来，一个原计划赶回去参加丈夫侄女的婚礼，一个并没有跟妻子打招呼说自己今天不回去。在这种沉重的心理负担下，他们只好用一次又一次的性爱来抵消现实的烦恼。

第三天回到东京，局面已经变得无法收拾。久木和凛子抱着破罐子破摔的心态，索性回到了涩谷的小屋，似乎要孤注一掷，有意让事态恶化到底。

但是，他们后来还是各自回了家。出乎意料的是，久木的妻子主动提出了离婚，凛子的丈夫却不同意。

不久后，一封举报久木勾引已婚妇女的信寄到公司，为保护公司名声，上级打算将久木调到一个更空闲的岗位上去。一怒之下，久木提出了辞职。

事已至此，虽然都还未在法律上办妥跟另一半的离婚手续，但久木和凛子已经撕开一切掩饰，正式在一起了。来自亲人、朋友和社会各方面的压力，让这对相爱的人时常从性爱的巅峰滑下来后，感到对未来的恐惧。他们不知道这样的性愉悦是否会一直维持下去，对婚姻本身稳定性和长久性的怀疑也未因性爱而消失。

受到阿部定事件的启发和刺激，久木和凛子在商量过后，决定殉情。久木从搞化学的高中同学那里偷来氰化钾，这种毒物可以在一两分钟内就致人于死命。他们选定凛子父亲在轻井泽留下的别墅为殉情地点，在一起到达性高潮的那一刻，久木先喝下掺杂了氰化钾的葡萄酒后，再喂给凛子喝。两个相爱的人终于摆脱各种负累，永远在一起了。

【枫哥点评】

陷入橡皮婚姻的人是该在麻木中枯萎下去，还是应该换一个人，换一种心情？很多中年夫妻都面临着这样的困境，没有爱情的内心在寻找救赎的路上挣扎、焦灼、困惑。选择了后面那条路的久木和凛子，虽然在婚姻之外享受到了完美的性爱，可又不能不承受来自家庭和社会的多重压力。婚外情从道德层面为人不齿，可爱情没有道理可讲。我们更应该借助《失乐园》，来思考如何面对和处理中年情感问题。

备注：

《失乐园》，作者：渡边淳一（日本）；年代：1995年初版。

《洛丽塔》——少女情结的鼻祖

亨伯特·汉勃特少年时爱上了姨妈朋友的女儿安娜贝尔，在刚品尝到爱情的甜蜜后，安娜贝尔却不幸死于伤寒。这段初恋让亨伯特始终不能释怀，以致他长大后一直痴迷于青春少女。

大学毕业后，亨伯特留在欧洲工作，工作之余常流连在花街柳巷。后来，他觉得应该结婚，于是就有了固定又安全的性伴侣。他选择了瓦莱里亚——一个医生的女儿作为她的妻子。

结婚几年后，亨伯特在美国的叔叔去世了，他必须移居美国，继承公司的业务，亨伯特觉得改变一下生活也挺好。启程前，瓦莱里亚却忽然说不能跟他一起去了，因为她在巴黎还有一位相爱的情人。愤怒的亨伯特独自一人到了美国，并无心打理叔叔留下的香水公司，且常常生病。他选择了前往拉姆斯戴尔小镇度假，听说那里风景不错，可等他到达之后才知道，住宿地被火烧了个精光。还好附近的黑兹夫人愿意留他，他便认识了黑兹太太的女儿，12岁的洛丽塔。

当亨伯特对洛丽塔蠢蠢欲动时，黑兹太太突然将她送去

了夏令营，这令亨伯特十分失落。准备离开时，仆人却突然将黑兹的告白信交给他。虽然亨伯特并不喜欢黑兹，但想到这样可以用父亲的身份肆意将洛丽塔抱在腿上，揽在怀里，便同意了跟黑兹结婚。

可黑兹却打算让洛丽塔在夏令营结束后就直接进入寄宿学校，再升入大学。这让亨伯特非常恼火，他左思右想，去家庭医生那里弄了一些麻醉药，准备除掉黑兹。就在这节骨眼上，他锁在抽屉里的日记被黑兹偷看了，那上面写了很多她的坏话，黑兹在气愤和暴怒中冲出屋子，跑到马路对面的邮筒寄信，却不小心被车撞死了。

黑兹死了，亨伯特立刻去夏令营找洛丽塔，骗她说母亲生病了要去医院做手术，就把洛丽塔拐了出来，从此他们开始了漫长的旅行。

亨伯特第一站是前往黑兹曾经提过的“着魔猎人”旅馆，在那里，亨伯特和洛丽塔发生了性关系。洛丽塔的情绪变得非常暴躁，她想给在医院的妈妈打个电话，亨伯特只能告诉她黑兹已经死了。为了能长久地占有她，亨伯特不断花

▲其实在很多男人内心深处都有个洛丽塔，只是想归想，落实到行动上，就是诱骗无知少女了。

钱讨她开心，并限制她与同龄人和别的男性交往。洛丽塔开始厌弃他们之间的关系。

经过长途跋涉的旅行后，囊中所剩无几的亨伯特决定在比尔兹利留下来，那里有所女子学校可以让洛丽塔就读。亨伯特在比尔兹利大学有认识的朋友，可以帮助他在那儿谋到一份工作。

上学之后，洛丽塔更加变本加厉地向亨伯特要钱，亨伯特担心洛丽塔是在攒钱准备逃跑，经常到处寻找她藏钱的地方。洛丽塔在学校的成绩越来越差，校方希望亨伯特能让女儿多参加一些娱乐活动，调节身心，他只好让洛丽塔参加了学校的戏剧排练。

不久后，洛丽塔主动提出去旅行，就像他们上一次一样。旅途中，亨伯特发现有一辆车一直跟在他们后面，而且在他离开的时候，洛丽塔还跟车主像熟人一样聊天，他警惕地问起，洛丽塔却说那只是个问路的陌生人。

亨伯特的防范，还是没能阻止洛丽塔逃走。亨伯特陷入了疯狂的寻找中，可直到3年后，即将临产的洛丽塔主动写信向他求援，他才重新见到她。亨伯特恳求洛丽塔跟他回去，但被拒绝了，她恨他毁了她的生活。绝望的亨伯特将一切都归罪于带走洛丽塔的剧作家奎尔蒂，枪杀了他。很快，亨伯特就被警察抓住，在审判前，死于狱中。

【枫哥点评】

纳博科夫在他的小说中，曾引用一位诗人的话，“人性中的道德感是一种义务，而我们则必须赋予灵魂以美感。”在《洛丽塔》中，这种所谓的“美感”被情欲充满，不论是亨伯特对洛丽塔的爱，还是洛丽塔对性的无知和好奇。其实在很多男人内心深处都有个洛丽塔，只是想归想，落实到行动上，就是诱骗无知少女了。亨伯特的一厢情愿，毁掉了洛丽塔的正常人生，也毁了他自己的一切。硬让花骨朵儿提前绽放，只会过早结束她的美丽。

备注：

《洛丽塔》，作者：弗拉基米尔 · 纳博科夫（美国）；年代：1955 年初版。